8급 내 실력 체크체크

영역 / 문제 수 유형	적중 예상 문제 1회		적중 예상 문제 2회		적중 예상 문제 3회		적중 예상 문제 4회	
	총 문제 수	맞은 문제 수	총 문제 수	맞은 문제 수	총 문제 수	맞은 문제 수	총 문제 수	맞은 문제 수
독음	10개		10개		10개		10개	
훈음	38개		38개		38개		38개	
필순	2개		2개		2개		2개	
합계	50개		50개		50개		50개	

기준표

	참 잘했어요!	잘했어요!	노력해요!
맞은 문제 수	45개 이상	44 ~ 35개	34개 이하

45개 이상
참 잘했어요!

합격이 눈앞에 보이네요. 이제 뒤에 나오는 문제를 풀면서 실전 감각을 익혀 보세요.

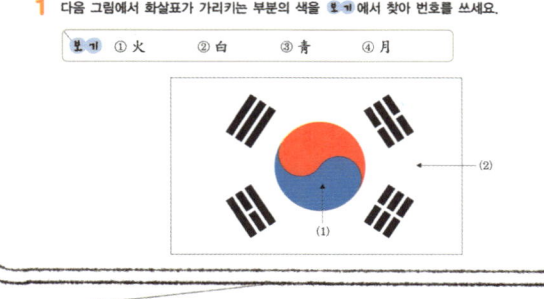

활용법

1. 적중 예상 문제를 풀면서 맞은 문제 수와 틀린 문제 수를 체크합니다.
2. 1회분의 문제를 풀 때마다 맞은 문제 수를 정리하여 '내 실력 체크체크' 표에 표시합니다.
3. '내 실력 체크체크' 표를 보고, 내가 부족한 유형이 무엇인지 확인하여 꼭 다시 한 번 공부합니다.

적중 예상 문제 5회		적중 예상 문제 6회		적중 예상 문제 7회		적중 예상 문제 8회		적중 예상 문제 9회	
총 문제 수	맞은 문제 수	총 문제 수	맞은 문제 수	총 문제 수	맞은 문제 수	총 문제 수	맞은 문제 수	총 문제 수	맞은 문제 수
10개		10개		10개		10개		10개	
38개		38개		38개		38개		38개	
2개		2개		2개		2개		2개	
50개		50개		50개		50개		50개	

※ 8급은 맞은 문제 수가 총 35개 이상이어야 합격입니다.

44 ~ 35개
잘했어요!

약간 불안해요. 틀렸던 부분을 다시 체크하며 완전히 내 것으로 만들어 보세요.

34개 이하
노력해요!

너무 게으름을 피웠네요. 배정 한자 익히기 부분을 꼼꼼히 복습한 후 다시 도전해 보세요.

한자능력검정시험

NEW 자격증 한번에 따기

8급 (50字)

차례

시험 안내	04
출제 경향과 유형 익히기	05
8급 배정 한자 총 50자	08

하나 배정 한자 익히기

- '학교'와 관계있는 한자 10
  學, 校, 敎, 室, 先, 生

- '방위·숫자'와 관계있는 한자 20
  東, 西, 南, 北, 一, 二, 四, 五, 六, 七, 八, 九, 十, 萬

- '가족'과 관계있는 한자 32
  父, 母, 兄, 弟, 三, 寸, 長, 女

- '색·요일'과 관계있는 한자 42
  靑, 白, 月, 火, 水, 木, 金, 土

- '나라·크기'와 관계있는 한자 52
  韓, 國, 中, 日, 大, 小

- 그 밖의 한자 62
  軍, 人, 王, 民, 門, 外, 山, 年

둘 묶음별 한자 익히기

- 모양이 비슷한 한자 ·········· 76
- 뜻이 반대(상대)되는 한자 ·········· 78
- 잘못 읽기 쉬운 한자 ·········· 80

셋 실전 감각 익히기

- 한자능력검정시험 기출 유사 문제 ·········· 82
- 한자능력검정시험 적중 예상 문제 ·········· 88

모범 답안 ·········· 106
색인 ·········· 112

시험 안내

한자능력검정시험이란?
한자 자격증 시험을 주관하는 여러 곳 가운데 (사)한국어문회에서 주관하는 국가 공인 한자 자격증 시험입니다. 한자 자격증으로서는 최초로 2001년 1월 1일자로 국가 공인을 받았습니다.

시험 일정
보통 1년에 4번 시험이 진행되는데, 해마다 일정이 달라지기 때문에 한국어문회 홈페이지(www.hanja.re.kr)에서 바로 확인하는 것이 정확합니다.

접수 방법

방문 접수
- **접수 급수** 모든 급수
- **접수처** 각 고사장 지정 접수처
- **접수 방법**
  1. 응시 급수 선택: 급수 배정을 참고하여, 응시자의 실력에 알맞은 급수를 선택합니다.
  2. 원서 작성 준비물 확인: 반명함판(3×4cm) 사진 2매(무배경·탈모), 급수증 수령 주소, 응시자 주민등록 번호, 응시자 이름(한글·한자), 응시료
  3. 원서 작성 및 접수: 응시 원서를 작성한 후, 접수처에 응시료와 함께 접수합니다.
  4. 수험표 확인: 접수 완료 후 받으신 수험표로 수험 장소, 수험 일시, 응시자를 확인합니다.

▲ 반명함판 사진 예시

인터넷 접수
접수 방법은 바뀔 수 있으므로 한국어문회 홈페이지(www.hanja.re.kr)를 참고하시기 바랍니다.

시험 시간
- 특급·특급II: **100분**
- 1급: **90분**
- 2급·3급·3급II: **60분**
- 4급·4급II·5급·5급II·6급·6급II·7급·7급II·8급: **50분**

합격자 발표
한국어문회 홈페이지(www.hanja.re.kr – 결과 조회 – 합격 발표 및 학습 성취도), ARS(060-800-1100), 인터넷 접수 사이트(www.hangum.re.kr)에서 확인하실 수 있습니다.

준비물

수험표 / 검정색 볼펜(연필, 유성펜, 색깔 펜 사용 불가) / 신분증 / 수정 테이프(또는 수정액)

기타 문의
한국한자능력검정회 전화 1566-1400
팩스 02-6003-1414, 인터넷 www.hanja.re.kr

출제 경향과 유형 익히기

유형 1 한자의 독음 쓰기

한자를 제대로 읽을 수 있는지 확인하는 유형. 전체 50문항 중에서 10문항 정도 출제

[대책] 글을 읽으면서 한자의 독음을 써야 합니다. 다만 다음과 같은 경우에 주의해야 합니다.
- 단어의 첫머리에서 음이 변하는 경우
  예) 女子: 녀자(×), 여자(○)
- 본음과 달리 읽어야 하는 경우
  예) 十月: 십월(×), 시월(○)

[문제 1-5] 다음 글을 읽고 밑줄 친 漢字(한자)의 讀音(독음: 읽는 소리)을 쓰세요.

〈보기〉
音 ➡ 음

오월 팔[1]日 어버이날에는 [2]父[3]母님께 꽃을 달아드립니다. [4]學[5]校에서는 [6]先[7]生님께서 부모님의 은혜와 [8]敎육의 중요성에 대하여 말씀하셨습니다.

[1] 日 (   )   [2] 父 (   )

[3] 母 (   )   [4] 學 (   )

[5] 校 (   )   [6] 先 (   )

[7] 生 (   )   [8] 敎 (   )

정답 [1]일 [2]부 [3]모 [4]학 [5]교 [6]선 [7]생 [8]교

유형 2 한자의 훈과 음 쓰기

한자의 훈(訓: 뜻)과 음(音: 소리)을 알고 있는지 확인하는 유형. 전체 50문항 중에서 10문항 정도 출제

[대책] 훈과 음이 여러 가지인 한자에 주의해야 합니다. 한자의 훈과 음은 반드시 '한국어문회'에서 제시한 대표 훈과 음으로 써야 합니다.

[문제 1-5] 다음 漢字(한자)의 훈(訓: 뜻)과 음(音: 소리)을 쓰세요.

〈보기〉: 天 ➡ 하늘 천

[1] 父 (   )

[2] 七 (   )

[3] 寸 (   )

[4] 小 (   )

[5] 五 (   )

정답 [1] 아비 부 [2] 일곱 칠 [3] 마디 촌 [4] 작을 소 [5] 다섯 오

출제 경향과 유형 익히기

유형 ③ 제시된 말에 알맞은 한자 찾기

제시된 말의 뜻을 파악하여 알맞은 한자를 찾아낼 수 있는지 확인하는 유형. 전체 50문항 중에서 10문항 정도 출제

[대책] 제시된 말의 뜻을 먼저 알아야 합니다. 한자의 훈과 음을 익힐 때 훈의 정확한 의미를 파악하여 이해할 수 있도록 해야 합니다.

[문제 1-4] 다음 말에 알맞은 漢字(한자)를 〈보기〉에서 찾아 그 번호를 쓰세요.

〈보기〉
① 六 ② 土 ③ 母 ④ 水

[1] 물   (   )

[2] 어머니 (   )

[3] 여섯   (   )

[4] 흙   (   )

정답 [1]④ [2]③ [3]① [4]②

유형 ④ 한자의 훈이나 음 찾기

한자의 훈(訓: 뜻)이나 음(音: 소리)을 알고 있는지 확인하는 유형. 전체 50문항 중에서 8문항 정도 출제

[대책] 한자를 익힐 때 가장 기본적으로 공부해야 할 부분입니다. 한자의 훈과 음 중 하나만 알고 있으면 풀기 어려우므로 반드시 한자의 훈과 음을 함께 알아두어야 합니다.

[문제 1-2] 다음 漢字(한자)의 훈(訓: 뜻)을 〈보기〉에서 찾아 그 번호를 쓰세요.

〈보기〉
① 집 ② 쇠 ③ 바깥

[1] 金 (   )

[2] 室 (   )

[문제 3-4] 다음 漢字(한자)의 음(音: 소리)을 〈보기〉에서 찾아 그 번호를 쓰세요.

〈보기〉
① 한 ② 화 ③ 군

[3] 軍 (   )

[4] 韓 (   )

정답 [1]② [2]① [3]③ [4]①

유형 ⑤ 밑줄 친 말에 알맞은 한자 찾기

밑줄 친 말의 뜻을 파악하여 알맞은 한자를 찾아낼 수 있는지 확인하는 유형. 전체 50문항 중에서 10문항 정도 출제

[대책] 먼저 문장 속에 쓰인 말의 뜻을 알아내고, 그 뜻에 알맞은 한자를 찾아내도록 합니다.

[문제 1-5] 다음 글을 읽고 밑줄 친 말에 해당하는 漢字(한자)를 〈보기〉에서 찾아 그 번호를 쓰세요.

〈보기〉

① 四　② 山　③ 火　④ 木　⑤ 人

[1] <u>산</u>에 오르니　　　　　　（　　　）

[2] <u>사람</u>들이 많이 보였습니다.（　　　）

[3] <u>네</u> 그루의　　　　　　　（　　　）

[4] <u>나무</u> 사이로 보이는 해가　（　　　）

[5] <u>불</u>처럼 빨갛습니다.　　　（　　　）

정답 [1]②　[2]⑤　[3]①　[4]④　[5]③

유형 ⑥ 한자의 쓰는 순서 찾기

주어진 한자의 쓰는 순서를 정확히 알고 있는지 확인하는 유형. 전체 50문항 중에서 2문항 정도 출제

[대책] 반드시 '한국어문회'에서 제시한 필순(筆順: 쓰는 순서)대로 배정 한자를 쓰면서 익히도록 합니다.

[문제 1-2] 다음 漢字(한자)의 진하게 표시된 획은 몇 번째에 쓰는지 〈보기〉에서 골라 그 번호를 쓰세요.

〈보기〉

① 첫 번째　　② 두 번째　　③ 세 번째
④ 네 번째　　⑤ 다섯 번째　⑥ 여섯 번째
⑦ 일곱 번째　⑧ 여덟 번째　⑨ 아홉 번째

[1]  （　　）

[2]  （　　）

정답 [1]④　[2]④

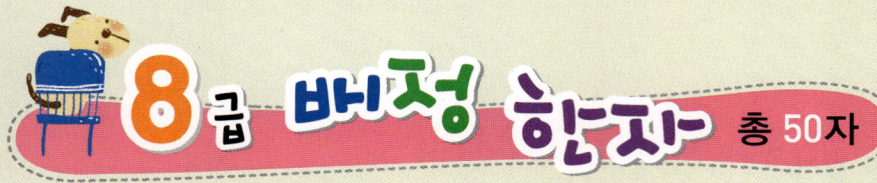

ㄱ	校 학교 교	敎 가르칠 교	九 아홉 구	國 나라 국	軍 군사 군	金 쇠 금, 성 김
ㄴ	南 남녘 남	女 계집 녀	年 해 년	ㄷ	大 큰 대	東 동녘 동
ㄹ	六 여섯 륙	ㅁ	萬 일만 만	母 어미 모	木 나무 목	門 문 문
民 백성 민	ㅂ	白 흰 백	父 아비 부	北 북녘 북	ㅅ	四 넉 사
山 메 산	三 석 삼	生 날 생	西 서녘 서	先 먼저 선	小 작을 소	水 물 수
室 집 실	十 열 십	ㅇ	五 다섯 오	王 임금 왕	外 바깥 외	月 달 월
二 두 이	人 사람 인	一 한 일	日 날 일	ㅈ	長 긴 장	弟 아우 제
中 가운데 중	ㅊ	靑 푸를 청	寸 마디 촌	七 일곱 칠	ㅌ	土 흙 토
ㅍ	八 여덟 팔	ㅎ	學 배울 학	韓 한국/나라 한	兄 형 형	火 불 화

하나 배정 한자 익히기

8급에 배정된 **50자**의 한자들을 다음과 같이 **주제별**로 묶었어요.

| 학교 | 방위·숫자 | 가족 | 색·요일 |
| 나라·크기 | 그 밖의 한자 |

한자 쏙쏙~! '학교'와 관계있는 한자

한자를 한 글자 한 글자 자세히 공부해 보아요.

 배울 | 학 | 부수: 子 | 총획: 16획

→ 배우다: 새로운 지식이나 교양을 얻다.

`丶 ⺍ ⺍⺀ 闩 闩 臼 臼ㄨ 學 學 學`

學

이렇게 만들어졌군!

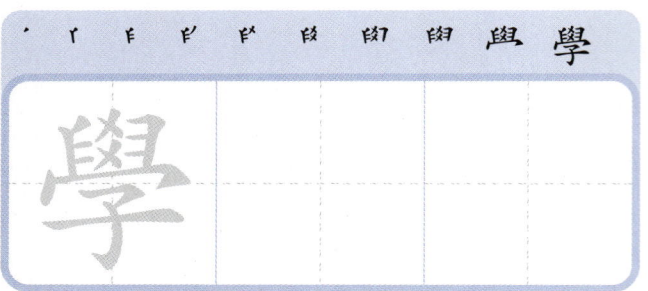

건물 안에서 아이들(子)이 공부하는 모습을 본뜬 글자예요.

이렇게 쓰이는군!

- 學校(학교): 국가에서 정한 법규에 의하여 교사가 학생에게 교육을 실시하는 기관.
  - 예) 내 동생은 올해 초등 學校에 입학했습니다.
- 學生(학생): 학교에 다니며 공부하는 사람.
  - 예) 미선이도 우리 학교 學生입니다.

학교 | 교 | 부수: 木 | 총획: 10획

`一 十 才 木 木 朩 朩 朩 枋 校`

校

이렇게 만들어졌군!

구부러진 나무를 엇갈리게 매어 바로 잡는 모습을 본뜬 글자예요. 사람을 올바르게 이끄는 학교를 나타내요.

이렇게 쓰이는군!

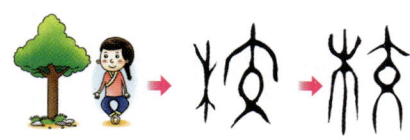

- 校長(교장): 초·중·고등학교의 으뜸 직위. 또는 그 직위에 있는 사람.
  - 예) 우리 학교 校長 선생님은 여자입니다.
- 母校(모교): 자신이 다니거나 졸업한 학교.
  - 예) 우리 학교는 엄마의 母校입니다

| 가르칠 | 교 | 부수: 攴(攵) | 총획: 11획 |

가르치다 : 지식이나 이치를 깨닫거나 익히게 하다.

ノ ㄨ ㅗ 孝 孝 孝 孝 孝 教 教 教

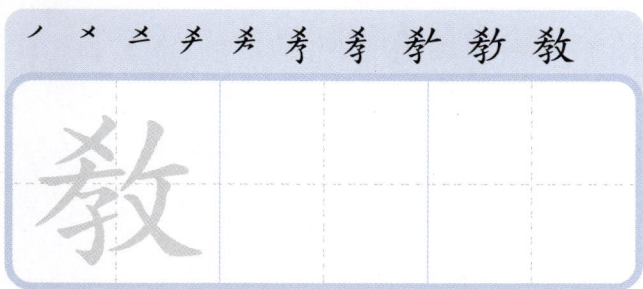

이렇게 만들어졌군!

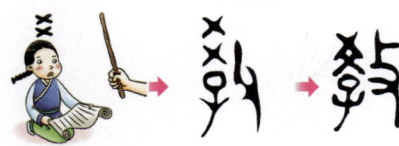

선생님이 한 손에 회초리(攵)를 들고 학생을 가르치는 모습을 본뜬 글자예요.

이렇게 쓰이는군!

- **教室**(교실): 학교에서 학습 활동이 이루어지는 방.
  - 예) 우리 **教室**은 2층에 있습니다.

- **教人**(교인): 종교를 가지고 있는 사람.
  - 예) 영주는 기독교 **教人**입니다.

| 집 | 실 | 부수: 宀 | 총획: 9획 |

丶 ㆍ 宀 宀 宀 㝐 室 室 室

이렇게 만들어졌군!

새가 둥지로 날아들듯이 사람이 집에 이르러 휴식을 취하는 방(집)을 본뜬 글자예요.

이렇게 쓰이는군!

- **室外**(실외): 방이나 건물의 밖.
  - 예) 실내화를 신고 **室外**로 나가면 안 됩니다.

- **室長**(실장): 연구실과 같이 '실' 자가 붙은 부서의 우두머리.
  - 예) 이 분은 제품 개발실 **室長**입니다.

'학교'와 관계있는 한자

한자를 한 글자 한 글자 자세히 공부해 보아요.

먼저 **선** | 부수: 儿 | 총획: 6획

날 **생** | 부수: 生 | 총획: 5획

↳ 낳다: 배 속의 아이 또는 새끼를 몸 밖으로 내놓다.

`, ㅗ ㅛ 生 先 先`

先

`, ㅗ ㅛ 牛 生`

生

이렇게 만들어졌군!

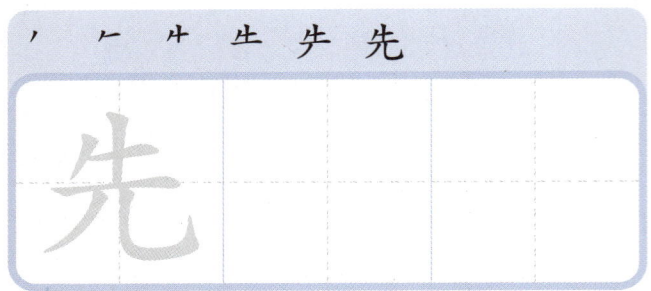

다른 사람보다 한 발 앞서 간 사람의 발자국을 따라가는 모습을 본뜬 글자예요. 앞서 가는 사람이 '먼저'라는 뜻이 되었어요.

이렇게 만들어졌군!

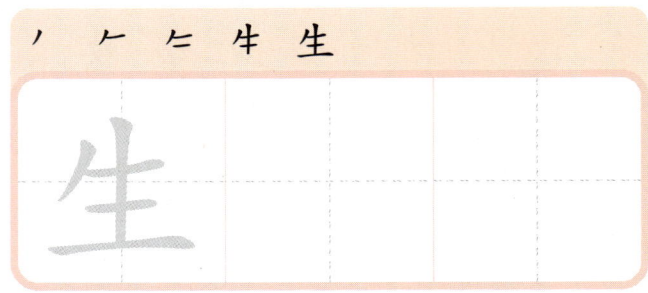

새싹이 땅 위에 돋아나서 자라는 모양을 본뜬 글자예요.

이렇게 쓰이는군!

- 先生(선생): 학생을 가르치는 사람.
  - 예) 나의 장래 희망은 先生님이 되는 것입니다.
- 先山(선산): 조상의 무덤이나 무덤이 있는 산.
  - 예) 어제는 先山으로 성묘를 갔습니다.

이렇게 쓰이는군!

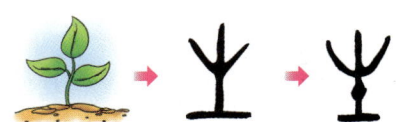

- 生水(생수): 샘에서 솟아 나오는 맑은 물.
  - 예) 가게에서 生水를 한 병 샀습니다.
- 生日(생일): 태어난 날.
  - 예) 나의 生日은 9월 8일입니다.

한자(漢字)를 처음으로 만든 사람

지금 우리가 사용하는 한자(漢字)는 어떻게 만들어진 것일까요?
전설로 전하는 이야기로는 창힐이라는 사람이 만들었다고 해요. 지금으로부터 2,000여 년 전에 중국 한나라의 사마천은 사기(史記)라는 역사책을 만들었는데, 그 책의 앞부분에 이와 관련된 이야기가 나와요.

아주 오래 전 중국에는 다섯 명의 훌륭한 왕이 있었어요. 그 왕 중에서 첫 번째가 황제(黃帝: 왕보다 더 높은 존재로서의 '황제'는 한자로 '皇帝'라고 쓰므로, 우리말로 소리가 같더라도 다른 의미의 '황제')였어요. 황제의 신하 중에 눈이 4개인 창힐이라는 사람이 있었는데, 왕의 밑에서 과거의 역사를 연구하고 당시의 일을 기록으로 남겨서 후세에 전하는 일을 맡고 있었지요.

이때까지만 해도 중국에는 글자가 없어서 새끼줄의 매듭을 통해 필요한 의미를 전달하거나 기록으로 남겼어요. 하지만 과거의 역사를 기록하고 전하는 일을 했던 창힐은 새끼줄의 매듭으로는 충분히 뜻을 전달할 수 없다고 생각했지요. 그래서 뜻을 전달할 수 있는 새로운 방법에 대하여 항상 고민했어요.

그러던 어느날 바닥에 찍혀 있는 새와 짐승의 발자국을 보고 글자를 만들었는데, 그것이 지금 사용하는 한자의 시작이 되는 글자였다고 해요.

그렇지만 창힐이 모든 한자를 만들었다고는 말할 수는 없어요. 문자라는 것은 어느 한 사람에 의해 만들어질 수 있는 것이 아니고, 현재 발견되는 과거 한자의 모양이나 변천 과정을 보아도 한 사람에 의해 만들어진 것이 아니라는 것이 학자들의 의견이기 때문이지요.

창힐은 실제로 있었던 사람인지에 대해서 확실한 증거가 없는 전설 속의 인물이지만 이것은 아마도 한자의 탄생 과정에 신비로움을 더하기 위해 생겨난 듯해요.

▲ '창힐'의 모습(상상화)

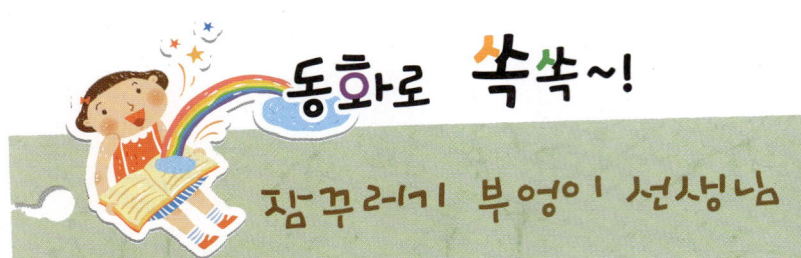

동화를 읽으며 한자의 독음을 써 보아요.

숲 속 동물 나라에 **학교**[校: 학교 ①]가 생겼어요.

동물들도 사람처럼 똑똑해지려면 많이 **배워야**[學: 배울 ②]하기 때문에 동물들이 힘을 합쳐 학교를 만든 것이지요.

아기 동물들을 **가르칠**[敎: 가르칠 ③] 선생님은 부엉이 할아버지셨어요. 부엉이 할아버지는 숲 속의 여러 동물들이 **태어나기**[生: 날 ④] 전부터 이 숲에 살고계신 어른이세요.

부엉이 할아버지는 오래 전부터 여행을 많이 하셨어요. 그래서 이 숲에 오기 전에 여러 숲을 다니며 보아온 것, 경험한 것이 많으셨어요. 또 사람들이 모여 사는 마을에도 자주 들렀기 때문에 사람들에 대해서도 잘 알고 계셨지요. 이 때문에 모든 동물들이 부엉이 할아버지를 선생님으로 모시게 된 것이에요.

→ 일이나 구경을 위해 다른 마을이나 외국에 가는 일.
→ 자신이 실제로 해 보거나 겪음.

숲 속 동물들의 **교실**[室: 집 ⑤]은 부엉이 할아버지가 살고 있는 커다란 자작나무 아래에 있었어요.

어제도 밤 늦게까지 공부하셨나봐!

학교 와 관계있는 한자

| 모범 답안 | 106쪽

그런데 숲 속 동물 학교는 한낮이 조금 지나서 문을 열었어요. 부엉이 할아버지가 밤 늦게까지 공부하시느라 아침에 늦게 일어나셨기 때문이지요.

낮 한가운데. 낮 12시 근처.

"자, 오늘은 첫 수업이니 먼저[先: 먼저   ] 한글부터 배웁시다. 잘 따라 읽으세요!"

"네!"

아기 동물들이 씩씩하게 대답했어요.

"기역, 니은, 디귿, 리을……."

아기 동물들이 작은 입술을 오물거리며 열심히 부엉이 할아버지를 따라 읽었어요.

그런데 부엉이 선생님이 갑자기 조용해지셨어요. 아기 동물들이 부엉이 선생님을 올려다보니 선생님이 꾸벅꾸벅 졸고 계시지 뭐예요!

부엉이 선생님은 낮에 자야하는 잠꾸러기 선생님이셨던 거예요.

아기 동물들은 아쉬운 마음이 가득했지만 다음 시간을 기대하며 집으로 돌아갔답니다.

음냐, 달콤한 꿈나라.

| 모범 답안 | 106쪽

한자를 색칠하고, 뜻이 바르게 쓰인 사과에 ○표 하세요.

배우다 학교

가르치다

學

배정 한자 익히기

100점 만점에 100점

1 다음 설명에 해당하는 漢字(한자)를 보기에서 찾아 번호를 쓰세요.

보기   ① 生   ② 室   ③ 學   ④ 敎

(1) 회초리를 들고 학생을 가르치는 모습을 본뜬 글자. (   )

(2) 건물 안에서 아이들이 공부하는 모습을 본뜬 글자. (   )

2 다음 漢字(한자)의 음(音: 소리)을 바르게 연결하세요.

(1) 室 ·   · ① 생

(2) 先 ·   · ② 실

(3) 生 ·   · ③ 교

(4) 敎 ·   · ④ 선

3 다음 문장의 밑줄 친 漢字(한자)의 총획 수를 모두 더한 숫자를 쓰세요.

(1) 우리 반 <u>敎室</u>은 3층에 있다.
   ➡ 敎와 室의 총획 수의 합: (   )

(2) 교장 <u>先生</u>님이 교문 앞에서 우리를 반갑게 맞아 주신다.
   ➡ 先과 生의 총획 수의 합: (   )

| 모범 답안 | 106쪽

4 다음 문장의 밑줄 친 漢字(한자)의 뜻을 보기에서 찾아 번호를 쓰세요.

> 보기   ① 방   ② 나다   ③ 먼저   ④ 학교

(1) 오늘은 비가 와서 學校에 조금 늦게 도착했다.   (   )

(2) 1반 教室에서 피아노 소리가 난다.   (   )

(3) 다른 건 몰라도 운동은 내가 너에게 先生님이야.   (   )

5 다음 문장의 밑줄 친 말에 해당하는 漢字(한자)를 보기에서 찾아 쓰세요.

> 보기   學   生   室   校

(1) 우리 집에 막내 동생이 태어났다.   (   )

(2) 우리가 찾은 펜션에는 방이 여러 개 있었다.   (   )

(3) 우리 형은 수영을 배운다.   (   )

6 다음 그림과 관계있는 漢字(한자)를 보기에서 찾아 쓰세요.

> 보기   教   學   先   生

한자 쏙쏙~! '방위·숫자'와 관계있는 한자

한자를 한 글자 한 글자 자세히 공부해 보아요.

 동녘 **동** | 부수: 木 | 총획: 8획

一 厂 厂 冃 甴 車 東 東

東

아침에 떠오른 해가 나무 사이로 보이는 모양을 본뜬 글자예요. 해가 뜨는 방향이 '동쪽'이지요.

- 東西(동서): 동쪽과 서쪽.
  예) 영동 고속 국도는 우리나라의 東西로 뻗어 있습니다.
- 東大門(동대문): 동쪽으로 낸 큰 문. 조선 시대의 서울을 둘러싼 성의 동쪽 문.
  예) 우리나라의 보물 제1호는 東大門입니다.

 서녘 **서** | 부수: 襾(西) | 총획: 6획

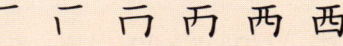

西

새가 둥지에 앉은 모양을 본뜬 글자예요. 해가 서쪽으로 질 때 새가 둥지로 돌아오기 때문에 '서쪽'을 뜻하게 되었어요.

- 西軍(서군): 서쪽의 군사.
  예) 우리 학교는 운동회 때 동군과 西軍으로 편을 나눕니다.
- 西山(서산): 서쪽에 있는 산.
  예) 저녁이 되면 西山으로 해가 집니다.

| 남녘 **남** | 부수: 十 | 총획: 9획 |

| 북녘 **북** | 부수: 匕 | 총획: 5획 |

一 十 十 冇 冇 両 両 南 南

丨 丬 丬 귀 北

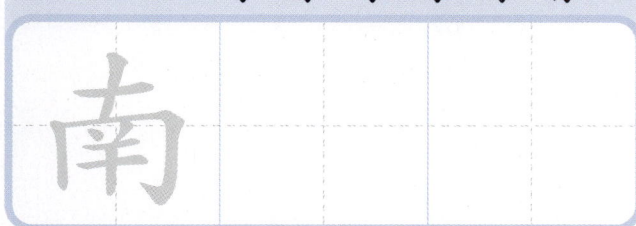

이렇게 만들어졌군!

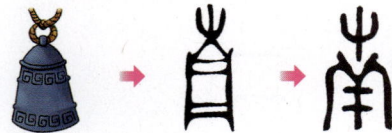

윗부분에 장식을 단 종 모양의 악기를 본뜬 글자예요. 중국 남쪽 지역의 사람들이 사용한 악기여서 '남쪽'을 뜻하게 되었지요.

이렇게 쓰이는군!

- 南北(남북): 남쪽과 북쪽.
  - 예) 우리 국민들은 南北 통일이 되기를 기다립니다.
- 南山(남산): 남쪽에 있는 산.
  - 예) 우리 가족은 일요일에 南山으로 소풍을 갔습니다.

이렇게 만들어졌군!

 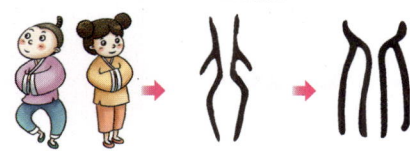

두 사람이 서로 등지고 있는 모습을 본뜬 글자예요. 사람은 보통 햇빛이 드는 남쪽을 향하므로 등진 쪽이 '북쪽'을 나타내요.

이렇게 쓰이는군!

- 北門(북문): 북쪽으로 낸 문. 성곽의 북쪽에 있는 문.
  - 예) 경기가 끝난 후 사람들이 北門으로 빠져 나갑니다.
- 北韓(북한): 남북으로 갈라진 우리나라의 북쪽.
  - 예) 백두산은 北韓에 있습니다.

'방위·숫자'와 관계있는 한자

한자를 한 글자 한 글자 자세히 공부해 보아요.

한 일 부수: 一 | 총획: 1획
→ 하나: 숫자 1.

하나의 막대기나 하나의 선을 그어 '하나'의 뜻을 나타낸 글자예요.

이렇게 쓰이는군!

- 一人(일인): 한 사람 또는 어떤 사람.
  예) 교실 안에는 一人이 있었습니다.
- 一日(일일): 하루. 어떤 달의 첫째 날.
  예) 一日 생활 계획표를 짰습니다.

두 이 부수: 二 | 총획: 2획
→ 둘: 숫자 2.

나란히 있는 두 개의 막대기 또는 두 개의 선을 통해 '둘'의 뜻을 나타낸 글자예요.

이렇게 쓰이는군!

- 二年(이년): 두 해.
  예) 내 친구 성훈이가 전학 간 지 二年이 되었습니다.
- 二月(이월): 한 해 열두 달 중의 두 번째 달.
  예) 엄마의 생신은 二月 5일입니다.

넉 **사** 부수: 口 | 총획: 5획

↳ 넷: 숫자 4.

丨	冂	冂	四	四
四				

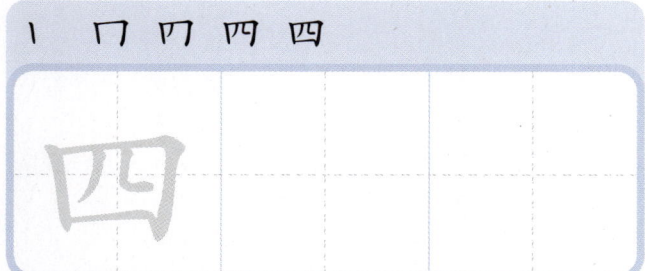

양손의 손가락을 두 개씩 펴서 '넷'의 뜻을 나타낸 글자예요.

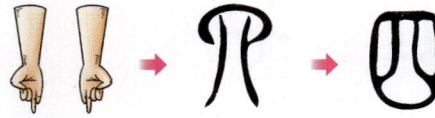

- 四五(사오): 넷이나 다섯.
  예) 아이들이 四五 명씩 짝을 지어 학교에 갑니다.
- 四月(사월): 한 해의 네 번째 달.
  예) 우리는 四月에 소풍을 갑니다.

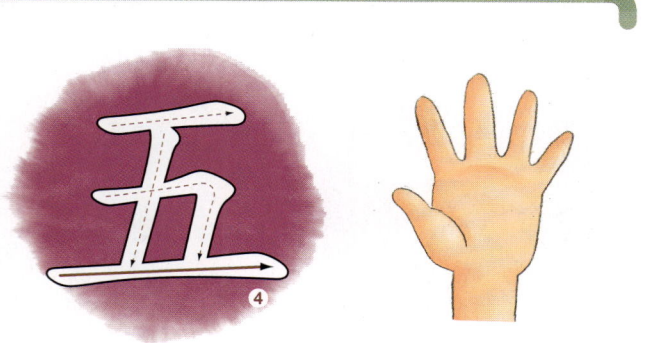

다섯 **오** 부수: 二 | 총획: 4획

一	丁	五	五
五			

두 개의 막대기를 서로 엇갈려 놓아 '다섯'의 뜻을 나타낸 글자예요.

- 五六(오륙): 다섯이나 여섯.
  예) 부산 앞바다에는 '五六도'라는 섬이 있습니다.
- 五十(오십): 열의 다섯 곱절. 숫자 50.
  예) 그동안 모은 빈 병이 五十개가 넘습니다.

한자를 한 글자 한 글자 자세히 공부해 보아요.

여섯 **륙** | 부수: 八 | 총획: 4획

` 、 一 亠 六 六 `

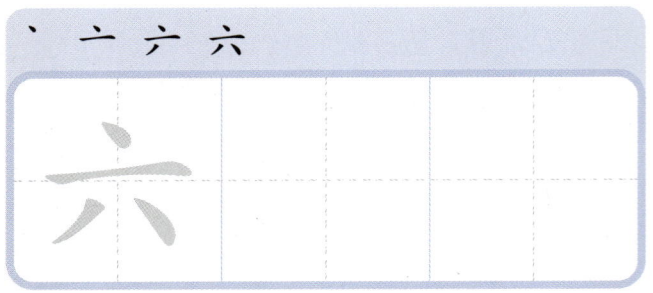

양 손의 손가락을 세 개씩 펴서 '여섯'의 뜻을 나타낸 글자예요.

🔍 '六'이 '六月'이나 '五六月'로 활용될 때에는 각각 '유월'과 '오뉴월'로 읽어요.

- 六日 (유월): 어떤 달의 여섯 번째 달.
  예) 현충일은 六月 6일입니다.

- 六人 (육인): 여섯 명의 사람.
  예) 우리 집은 六人용 식탁을 씁니다.

🔍 '六'이 한자어의 맨 앞에 올 때에는 '육'으로 읽어요.

일곱 **칠** | 부수: 一 | 총획: 2획

` 一 七 `

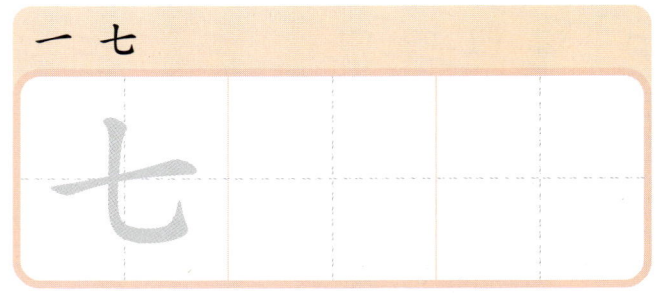

칼로 벤 흔적을 본뜬 글자예요. '七'과 '十'을 헷갈리지 않기 위하여 아랫부분을 굽혀서 썼어요.

- 七年 (칠년): 일곱 해.
  예) 할머니가 돌아가신지 七年이 지났습니다.

- 七夕 (칠석): 음력 7월 7일 밤. 견우와 직녀가 오작교에서 만난다는 전설이 있음.
  예) 7월 七夕은 견우와 직녀가 만나는 날입니다.

| 여덟 | 팔 | 부수: 八 | 총획: 2획 |

🔍 '人(사람 인)'과 비교하여 익히세요. 모양이 비슷해요.

ノ 八
八

📌 이렇게 만들어졌군!

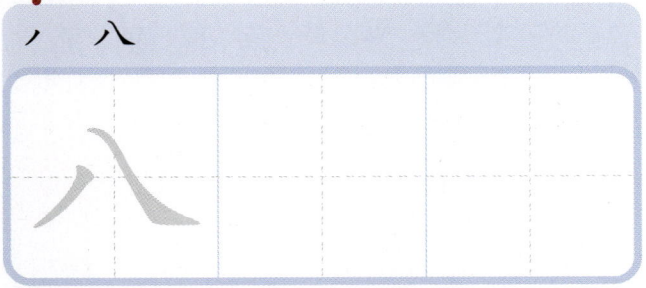

사물이 둘로 나누어지는 모양을 본뜬 글자예요. 8은 둘로 나누고 또 다시 둘로 나눌 수 있는 글자라는 의미에서 '여덟'이라는 뜻을 가졌어요.

📌 이렇게 쓰이는군!

- 八十(팔십): 십의 여덟 곱절. 숫자 80.
  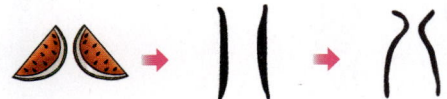 할아버지는 연세가 八十이 넘으십니다.

- 八月(팔월): 한 해의 여덟 번째 달.
  예 八月 한가위가 다가옵니다.

| 아홉 | 구 | 부수: 乙 | 총획: 2획 |

 세로획을 먼저 쓰세요.

ノ 九
九

📌 이렇게 만들어졌군!

팔꿈치를 구부려 힘을 꽉 준 모양을 본뜬 글자예요.

📌 이렇게 쓰이는군!

- 九月(구월): 한 해의 아홉 번째 달.
  예 九月이 되자 가을 기분이 느껴집니다.

- 十中八九(십중팔구): 열 가운데 여덟이나 아홉. 거의 예외 없이 대부분.
  예 방을 어지른 것은 十中八九 내 동생일 거야.

'방위·숫자'와 관계있는 한자

한자를 한 글자 한 글자 자세히 공부해 보아요.

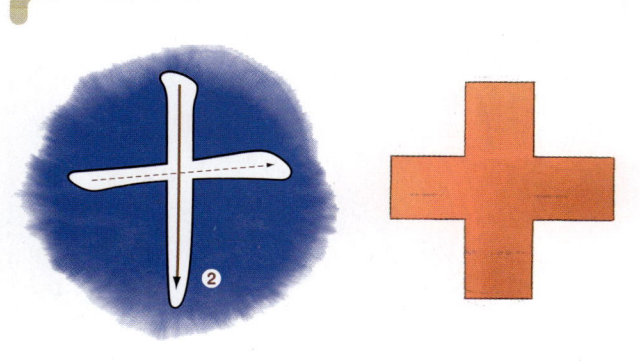

열 **십** | 부수: 十 | 총획: 2획

일만 **만** | 부수: 艸(艹) | 총획: 13획

이렇게 만들어졌군!

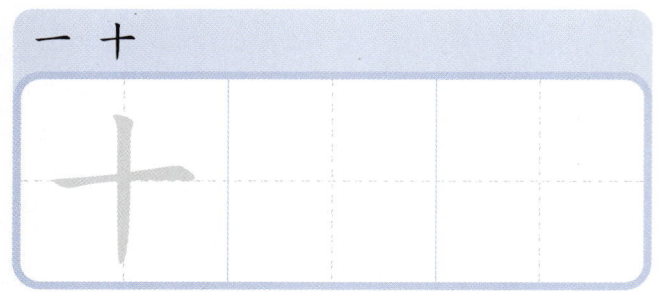

처음에는 세로로 놓인 대나무 모양을 본뜬 글자였다가 나중에 가로선을 더한 글자로 변했어요.

이렇게 만들어졌군!

전갈의 모양을 본뜬 글자예요. 곤충은 무리를 지어 살기 때문에 많은 수를 나타내는 '일만'의 뜻으로 사용된 것이지요.

이렇게 쓰이는군!

- 十萬(십만): 만의 열 배가 되는 수 또는 그런 수의.
  - 예) 해수욕장에 十萬 명의 사람이 몰렸습니다.
- 十日(십일): 한 달의 열 번째 날.
  - 예) 나는 매달 十日에 용돈을 받습니다.

이렇게 쓰이는군!

- 萬國(만국): 세계의 모든 나라. 많은 나라.
  - 예) 공원에 萬國기가 펄럭입니다.
- 萬一(만일): 만에 하나. 어쩌면 있을지도 모르는 뜻밖의 경우.
  - 예) 萬一을 모르니 미리 잘 준비해 둬라.

게임으로 쏙쏙~!

| 모범 답안 | 106쪽

성재는 숨겨진 보물을 찾으러 무인도에 왔어요. 커다란 바위에서 출발하여 〈보기〉에서 제시한 대로 칸을 이동하면 보물이 숨겨진 장소를 찾을 수 있어요. 칸을 따라 선을 그으면서 보물을 찾아보세요.

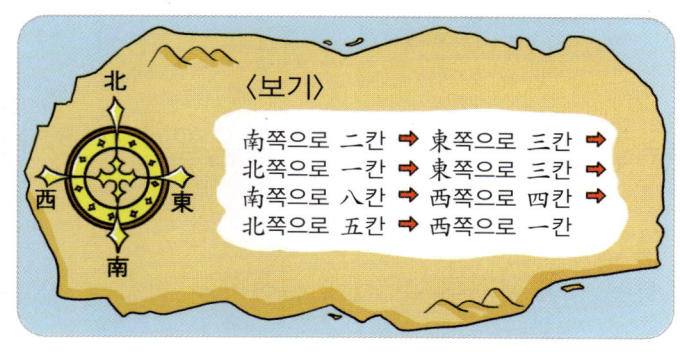

〈보기〉
南쪽으로 二칸 ➡ 東쪽으로 三칸 ➡
北쪽으로 一칸 ➡ 東쪽으로 三칸 ➡
南쪽으로 八칸 ➡ 西쪽으로 四칸 ➡
北쪽으로 五칸 ➡ 西쪽으로 一칸

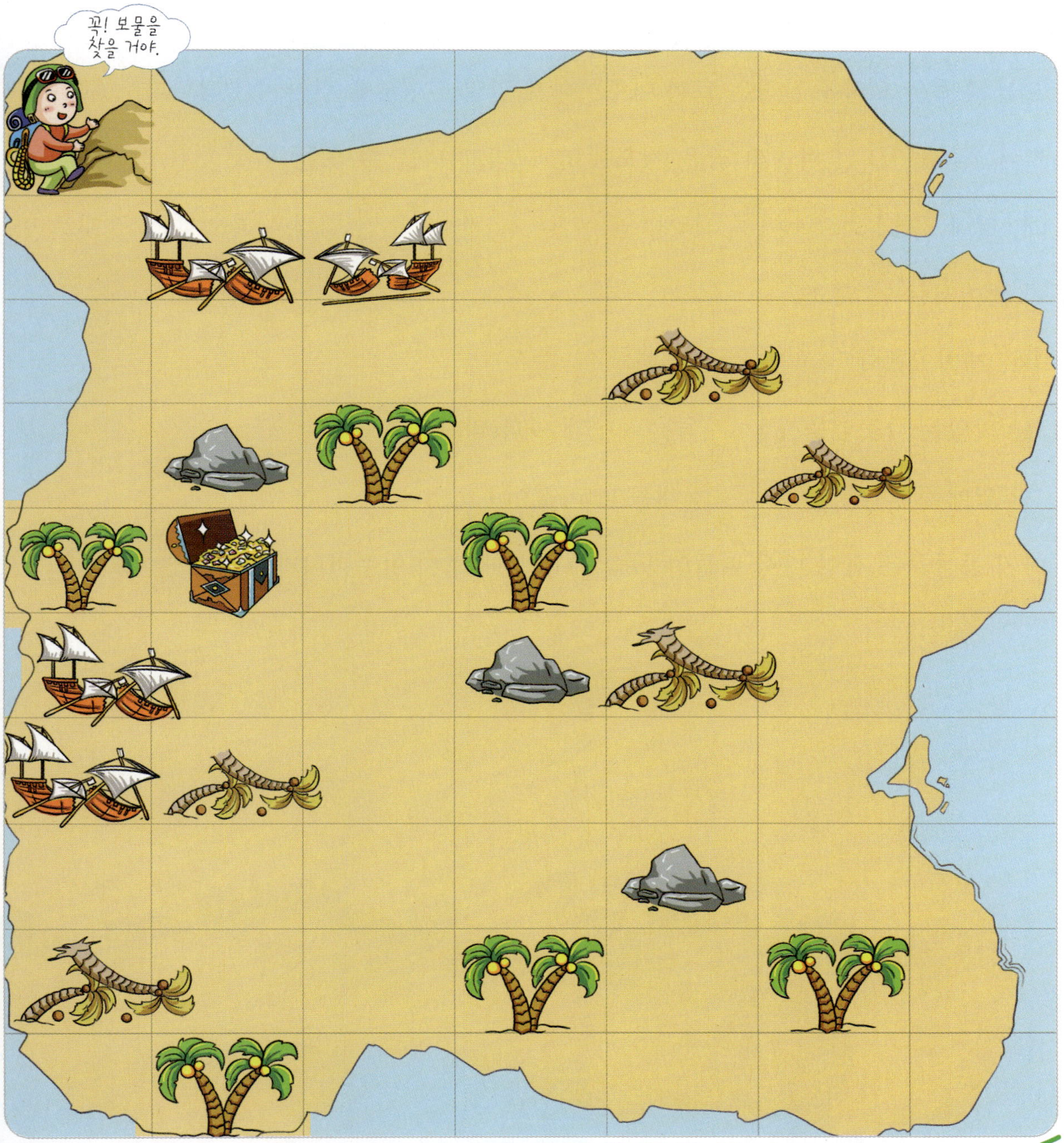

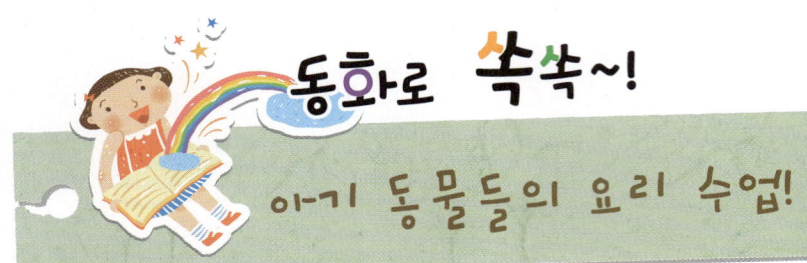

동화로 속속~!
아기 동물들의 요리 수업!

동화를 읽으며 한자의 독음을 써 보아요.

동물 학교에서는 숲 속에 들어가서 먹을 수 있는 식물에는 어떤 것이 있는지 알아보는 수업을 하기로 했어요. 아기 다람쥐, 아기 너구리, 아기 고라니, 아기 고슴도치 등 동물들이 수업을 듣게 되었지요.

오늘 수업은 요리를 잘하는 토끼 아주머니가 일일 선생님을 맡아 주셨답니다.

"두[二: 두 ①] 마리씩 짝을 지으세요. 그리고 먹을 수 있는 버섯 한[一: 한 ②] 개, 열매 다섯[五: 다섯 ③] 개, 잎 여섯[六: 여섯 ④] 개씩을 따오세요. 절대로 먼저 먹어서는 안 돼요!"

"와, 재미있겠다!"

"난 맛있는 나뭇잎을 열[十: 열 ⑤] 개 따다 먹어야지."

"난 열매를 만[萬: 일만 ⑥] 개쯤 따고 싶어."

아기 동물들은 신이 나서 떠들어 댔습니다. 이때 토끼 아주머니가 말씀하셨어요.

영차, 영차!

방위 · 숫자와 관계있는 한자

| 모범 답안 | 106쪽

"여우와 당나귀는 동[東: 동녘 ⑦　]쪽으로 가고, 두더지와 들쥐는 서[西: 서녘 ⑧　]쪽으로 가세요. 다람쥐와 너구리는 남[南: 남녘 ⑨　]쪽으로 가고, 고라니와 고슴도치는 북[北: 북녘 ⑩　]쪽으로 가세요. 제한 시간은 30분이에요. 그럼, 출발!"
　　　　　　　　　　　　　　　　　　일정한 시간을 넘지 못하게 막는 것.

여덟[八: 여덟 ⑪　] 마리의 동물들은 네[四: 넉 ⑫　] 팀을 이루어 자신들이 가야 할 방향으로 부지런히 걸었어요.

그리고 30분이 지난 후, 아기 동물들이 모두 돌아왔어요.

"어디 보자, 다람쥐와 너구리는 전부 일곱[七: 일곱 ⑬　] 개를 따왔고, 고라니와 고슴도치는 다 합쳐서 아홉[九: 아홉 ⑭　] 개를 따왔네요. 다들 수고많았어요. 각자 스스로 힘들여 찾은 만큼 그 맛도 두 배일거예요."

그때 고라니와 고슴도치의 바구니에서 무언가 푸드덕 날아올랐어요.

"어이쿠, 깜짝이야! 무당벌레잖아! 빨간 열매에 붙어 있어서 못 알아봤네. 하하하!"

무당벌레가 날아간 하늘로 아기 동물들과 토끼 아주머니의 웃음소리도 날아올랐답니다.

100점 만점에 100점

1 다음 각 방향에 해당하는 漢字(한자)를 보기에서 찾아 번호를 쓰세요.

보기　　①東　　②六　　③十　　④西

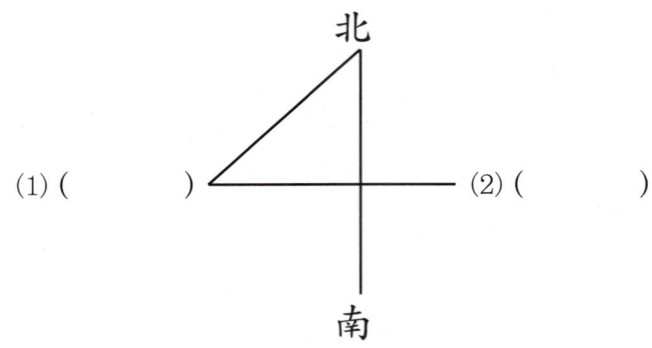

2 다음 계산의 답을 보기에서 찾아 번호를 쓰세요.

보기　　①二　　②四　　③六　　④七

(1) 二 + 二 = (　　)　　(2) 一 + 五 = (　　)

(3) 二 + 五 = (　　)　　(4) 七 - 五 = (　　)

3 다음 문장의 빈칸에 알맞은 漢字(한자)의 讀音(독음: 읽는 소리)을 쓰세요.

(1) 이번 설날에는 세뱃돈으로 二萬(　　)(　　) 원이나 받았다.

(2) 八(　　)월 十五(　　)(　　)일은 광복절이다.

4 다음 설명에 해당하는 漢字(한자)를 보기에서 찾아 번호를 쓰세요.

> 보기　①四　②西　③十　④北

(1) 두 사람이 서로 등지고 있는 모양을 본뜬 글자.　　(　　)

(2) 총 획수가 2획이고 부수가 '十'인 한자.　　(　　)

(3) '五' 바로 전에 해당하는 숫자를 나타내는 한자.　　(　　)

5 다음 문장의 밑줄 친 漢字(한자)의 뜻을 보기에서 골라 번호를 쓰세요.

> 보기　①아홉　②남쪽　③일만　④서쪽

(1) <u>南</u>東쪽에서 불어온 태풍 때문에 큰 피해를 입었다.　　(　　)

(2) 내 동생은 여섯 살이지만 벌써 <u>九</u>九단을 모두 외운다.　　(　　)

(3) 해가 지는 <u>西</u>쪽을 보면 붉은 노을이 아름답다.　　(　　)

6 다음 漢字(한자)의 총획 수를 쓰세요.

(1) 七: 총 (　　)획　　(2) 萬: 총 (　　)획

(3) 五: 총 (　　)획　　(4) 東: 총 (　　)획

한자 쏙쏙~! '가족'과 관계있는 한자

한자를 한 글자 한 글자 자세히 공부해 보아요.

| 아비 **부** | 부수: 父 | 총획: 4획 |

| 어미 **모** | 부수: 毋(母) | 총획: 5획 |

` ′ ハ ク 父 `

` ㄥ 뮤 母 母 母 `

이렇게 만들어졌군!

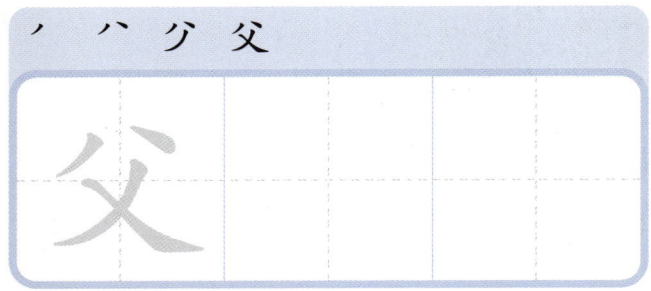

한 손으로 돌도끼를 잡고 있는 모습을 본뜬 글자예요. 일을 하고 있는 남자가 '아버지'라는 뜻이지요.

이렇게 만들어졌군!

무릎을 꿇고 앉아 아이에게 젖을 먹이고 있는 어머니의 모습을 본뜬 글자예요.

이렇게 쓰이는군!

- 父母(부모): 아버지와 어머니.
    - 예) 오늘은 父母님께 감사드리는 어버이날입니다.
- 父子(부자): 아버지와 아들.
    - 예) 아빠와 나는 父子 관계입니다.

이렇게 쓰이는군!

- 母女(모녀): 어머니와 딸.
    - 예) 그들은 母女 간에 정이 두텁습니다.
- 母子(모자): 어머니와 아들.
    - 예) 오랜만에 만난 母子는 밤 깊은 줄도 모르고 이야기를 나누었습니다.

형 **형** 부수: 儿 | 총획: 5획

아우 **제** 부수: 弓 | 총획: 7획

丿 口 口 尸 兄

丶 丶 丷 彐 彑 弟 弟

 이렇게 **만들**어졌군!

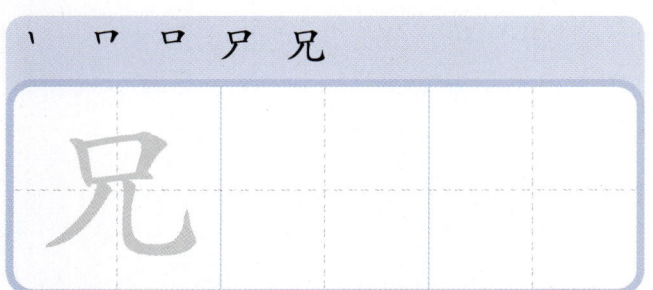

형제 중에서 가장 으뜸인 사람을 강조하기 위해 머리가 큰 사람의 모습을 본뜬 글자예요.

 이렇게 **만들**어졌군!

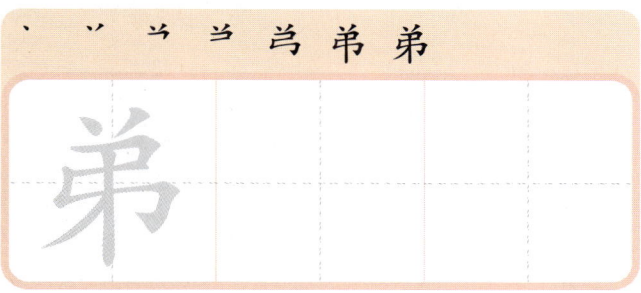

나무에 새끼줄을 둘러 맨 모양을 본뜬 글자예요. 새끼를 맬 때에는 순서대로 하게 되므로 순서의 뜻을 갖게 되고, 형제간의 순서를 뜻하게 되었어요.

이렇게 **쓰**이는군!

- 兄弟(형제): 형과 아우.
  - 예) 兄弟간에는 우애 있게 지내야 합니다.
- 學父兄(학부형): 학생의 보호자.
  - 예) 선생님이 學父兄께 드리는 편지를 주셨습니다.

이렇게 **쓰**이는군!

- 弟子(제자): 스승의 가르침을 받는 사람.
  - 예) 나는 우리 선생님의 弟子입니다.
- 子弟(자제): 남을 높여 그의 아들을 이르는 말.
  - 예) 교장 선생님의 子弟는 의사입니다.

한자를 한 글자 한 글자 자세히 공부해 보아요.

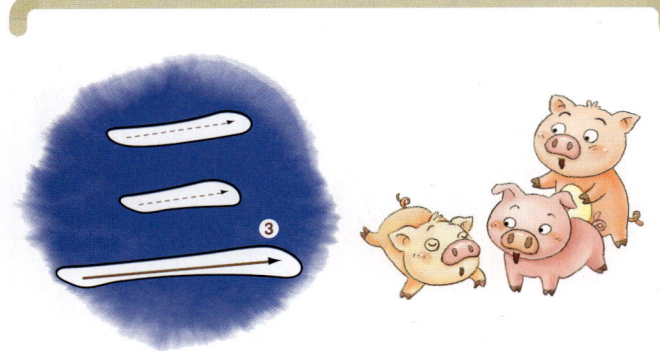

석 삼 부수: 一 | 총획: 3획

셋: 아라비아 숫자 3.

길이가 같은 세 개의 막대기 또는 세 개의 선을 그어 '셋'의 뜻을 나타낸 글자예요.

- 三寸(삼촌): 아버지의 형제를 이르거나 부르는 말.
  - 예) 우리 三寸은 대학생입니다.
- 三三五五(삼삼오오): 서너 사람 또는 대여섯 사람이 떼를 지어 다니는 모양.
  - 예) 사람들이 三三五五 어울려 다닙니다.

마디 촌 부수: 寸 | 총획: 3획

마디: 식물의 줄기에서 가지나 잎이 나는 부분.

손의 모양을 본뜬 글자예요. 손 아랫부분에 점을 찍어 손목 마디를 나타냈어요.

- 寸數(촌수): 친족 간의 멀고 가까운 관계를 나타내는 수.
  - 예) 하영이와 나는 寸數로 치면 4촌 간입니다.
- 四寸(사촌): 아버지의 친형제자매의 아들이나 딸과의 촌수.
  - 예) 지영이는 나의 四寸 동생입니다.

긴 **장** 부수: 長 | 총획: 8획

길다: 닿아 있는 물체의 두 끝이 서로 멀다.

세로획을 먼저 써야 해요.

丨 丆 FF 턋 탅 長 長

계집 **녀** 부수: 女 | 총획: 3획

이렇게 만들어졌군!

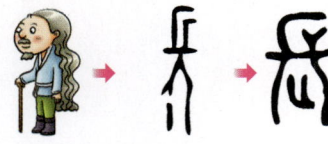

머리카락이 길게 자란 노인(어른)의 모습을 본뜬 글자예요.

이렇게 만들어졌군!

두 손을 모은 채 무릎을 꿇고 앉아 있는 여자의 모습을 본뜬 글자예요.

이렇게 쓰이는군!

- 長女(장녀): 맏딸. 큰딸.
  - 예) 엄마는 외가의 長女로 태어났습니다.
- 長大(장대): 길고 큼.
  - 예) 인천 대교는 그 모습이 長大합니다.

이렇게 쓰이는군!

- 女人(여인): 어른이 된 여자.
  - 예) 한 女人이 우리 쪽으로 걸어옵니다.
- 女中生(여중생): 여자 중학생.
  - 예) 우리 누나는 올해 女中生이 되었습니다.
  - '女'가 한자어의 맨 앞에 올 때에는 '여'로 읽어요.

동화로 쏙쏙~!
숲 속 동물 학교의 행복한 학예회

동화를 읽으며 한자의 독음을 써 보아요.

오늘은 숲 속 동물 학교에서 학예회를 열기로 한 날이에요.

아기 동물들은 오늘 아버지[父: 아비 ①　]와 어머니[母: 어미 ②　]께 멋진 모습을 보여 주고 싶어서 그동안 춤이며 노래를 열심히 연습했어요.

그런데 토끼가 걱정하며 말했어요.

"내 무용복 좀 길지[長: 긴 ③　] 않니?"

여우가 대답했어요.

"아니야, 딱 보기 좋아."

"누가 내 손 좀 잡아줘! 손가락 마디[寸: 마디 ④　] 마디가 다 떨려!"

작은 몸을 바들바들 떨고 있는 들쥐의 손을 다람쥐가 잡아주자 들쥐는 곧 마음이 편안해졌어요.

그렇게 아기 동물 친구들은 서로를 격려하며 학예회를 기다렸어요.
→ 용기가 솟아나도록 북돋워 줌.

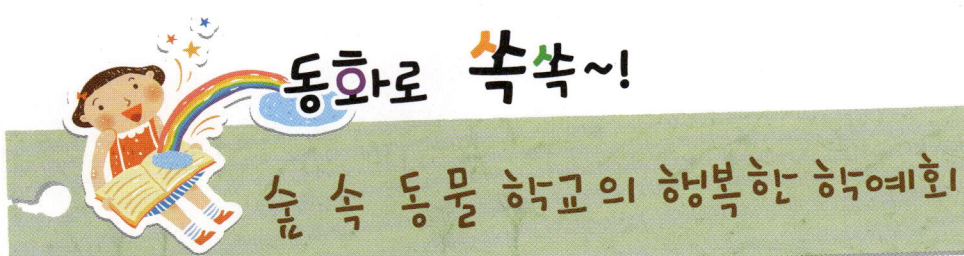

가족과 관계있는 한자

| 모범 답안 | 107쪽

"오늘 우리 형[兄: 형 ⑤]도 보러 올 거야. 우리 형은 밝은 걸 정말 싫어하는 데도 내가 노래하는 걸 꼭 보고 싶어서 온대."

두더지가 자랑스럽게 말했어요. 그러자 고라니가 부러운 듯이 말했어요.

"좋겠다. 나는 동생[弟: 아우 ⑥]이 모두 여자[女: 계집 ⑦]라서 형이 있는 친구들이 부러워."

"난 여동생이 세[三: 석 ⑧] 명이나 있는 네가 부럽던데……."

아기 동물들이 떠드는 사이 드디어 막이 올랐어요. 아기 동물들은 그 동안 준비해 온 춤과 노래를 멋지게 선보였지요. 비록 한 번씩 발이 꼬이고, 목소리가 갈라지기도 했지만 열심히 실력 발휘를 했어요.

→ 재능, 능력 따위를 떨치어 나타냄.

"와!"

아기 동물들이 모두 무대에 나와 인사를 하자 청중석에서 커다란 박수갈채가 터져 나왔어요. 오늘은 아기 동물들에게 잊지 못할 하루였답니다.

학예회를 보기 위하여 모인 사람들이 있는 자리. 손뼉을 치고 소리를 지르며 기뻐함.

게임으로 쏙쏙~!

지우와 선우 형제는 집 밖에 나와 놀다가 길을 잃었어요. 형이나 아우를 가리키는 한자와 훈음을 따라가며 형제의 집을 찾아 주세요.

| 모범 답안 | 107쪽

띵동♪ 은주에게 편지가 도착했어요. 주어진 한자를 찾아 같은 색을 칠하고 누가 보낸 편지인지 맞춰 보세요.

長 ➡ 갈색   三 ➡ 초록색   寸 ➡ 노란색

(   )

1 다음 그림에서 빈칸에 해당하는 漢字(한자)를 보기에서 찾아 번호를 쓰세요.

보기   ① 父   ② 母   ③ 兄   ④ 弟

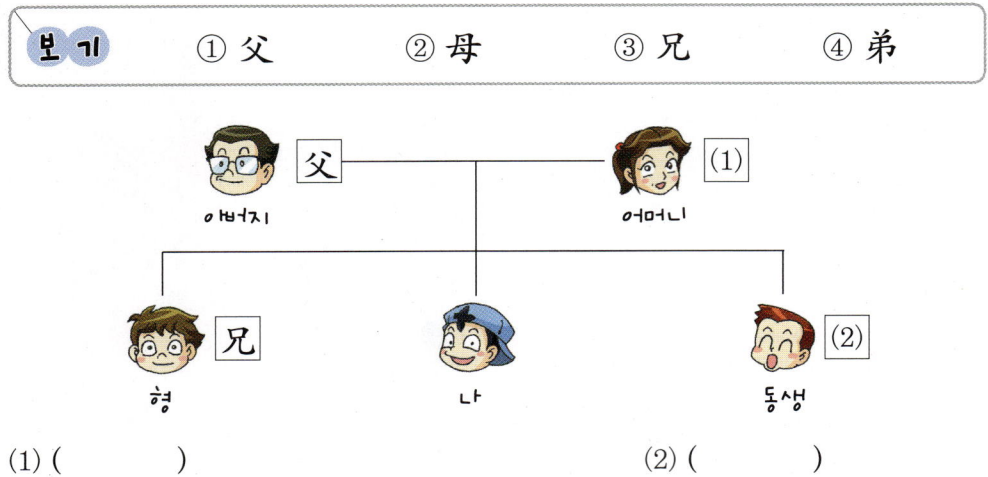

(1) (   )   (2) (   )

2 다음 내용 중 맞는 것에는 ○표, 틀린 것에는 ×표를 하세요.

(1) '父'는 자식을 업고 가는 아버지의 모습을 나타낸 글자이다. (   )

(2) '女'는 총 3획인 한자로서 '여자'를 뜻하는 글자이다. (   )

(3) '寸'은 '마디'라는 뜻을 가지고 있는 한자이다. (   )

3 보기의 漢字(한자) 중에서 가족을 가리키는 한자가 아닌 것을 모두 찾아 쓰세요.

보기   東   兄   長   弟

(   )

4 다음 문장에서 빈칸에 들어갈 漢字(한자)로 알맞은 것을 보기에서 찾아 번호를 쓰세요.

보기 ① 女 ② 母 ③ 三 ④ 長

(1) 몸이 약한 진호는 어려서부터 부모(父☐)님의 각별한 보살핌을 받으며 자랐다.

(2) 우리 교장(校☐)선생님은 언제나 학교에 가장 먼저 출근하신다.

(3) 민정이는 어머니와 함께 마음씨 고운 모녀(母☐)로 온 마을에 소문이 나 있다.

5 다음 문장의 밑줄 친 단어에 해당하는 漢字(한자)를 보기에서 찾아 번호를 쓰세요.

보기 ① 弟 ② 三 ③ 長 ④ 女

(1) 우리 누나는 지금 중학교 <u>3</u>학년이다. (   )

(2) 내 <u>동생</u>은 너무 게으르다. (   )

(3) 나는 친구들보다 팔이 <u>긴</u> 편이다. (   )

6 다음 漢字(한자)의 총획 수를 쓰세요.

(1) 長 : 총 (   )획   (2) 母 : 총 (   )획

한자 속속~! '색·요일'과 관계있는 한자

한자를 한 글자 한 글자 자세히 공부해 보아요.

푸를 **청** | 부수: 靑 | 총획: 8획
푸르다: 맑은 가을 하늘이나 깊은 바다, 풀의 빛깔과 같이 밝고 선명하다.

이렇게 만들어졌군!

우물 속의 붉은 물감(丹)과 새싹(生)의 모양을 나타낸 글자예요. 붉은 물감에서 피어나는 새싹은 더욱 푸르러 보인다는 뜻에서 '푸르다'의 뜻을 나타내요.

이렇게 쓰이는군!

- 靑年(청년): 나이가 20대 정도인 남자.
  - 예) 한 靑年이 위험에 처한 어린이를 구했습니다.
- 靑山(청산): 풀과 나무가 많은 푸른 산.
  - 예) 할아버지는 靑山을 벗삼아 살고 계십니다.

흰 **백** | 부수: 白 | 총획: 5획

이렇게 만들어졌군!

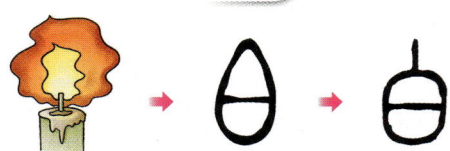

촛불의 심지 모양을 본뜬 글자예요. 촛불을 켜면 밝기 때문에 '밝다'라는 뜻에서 '희다'라는 뜻을 나타내게 되었어요.

이렇게 쓰이는군!

- 白人(백인): 서양인들과 같이 흰 피부색을 가진 인종.
  - 예) 우리 고모부는 白人입니다.
- 白土(백토): 색이 하얗고 고운 흙.
  - 예) 이것은 白土로 빚은 도자기입니다.

달 **월** 부수: 月 | 총획: 4획

불 **화** 부수: 火 | 총획: 4획

 丿 几 月 月

 、 ソ 少 火

이렇게 만들어졌군!

밤하늘에 떠 있는 초승달의 모습을 본뜬 글자예요.

이렇게 만들어졌군!

불이 활활 타오르는 모양을 본뜬 글자예요.

이렇게 쓰이는군!

- 生年月日(생년월일): 사람이 태어난 해의 달과 날.
  - 예) 우리 가족 중에 내가 生年月日이 가장 늦습니다.
- 三月(삼월): 한 해 가운데 세 번째 달.
  - 예) 三月은 새 학기가 시작되는 달입니다.

이렇게 쓰이는군!

- 火木(화목): 불을 때는 데 쓸 나무.
  - 예) 아저씨가 火木을 구하러 산에 갔습니다.
- 火山(화산): 땅 속의 용암이 밖으로 터져 나와 쌓여 이루어진 산.
  - 예) 한라산은 지금 火山 활동을 하지 않습니다.

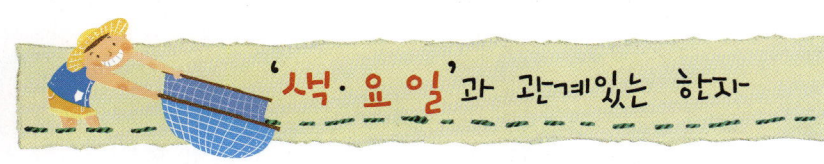

한자를 한 글자 한 글자 자세히 공부해 보아요.

물 수 | 부수: 水 | 총획: 4획

 좌우의 모양이 같을 때에는 가운데를 먼저 써요.

亅 ㇆ 氺 水

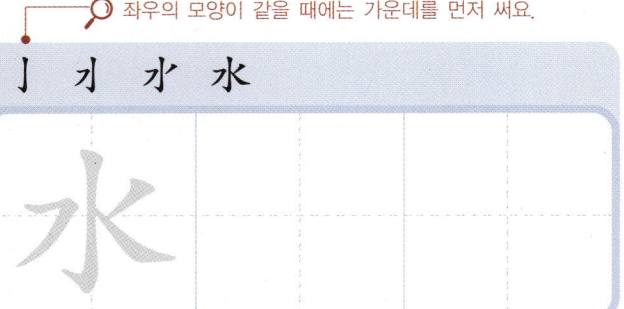

물이 계속 흘러가고 있는 모양을 본뜬 글자예요.

- 水門(수문): 물이 지나가는 길에 설치하여 물의 양을 조절하는 문.
  예) 큰 비가 와서 댐의 水門을 모두 열었습니다.
- 水中(수중): 물속. 물 가운데.
  예) 바다 속에는 다양한 水中 생물이 삽니다.

나무 목 | 부수: 木 | 총획: 4획

一 十 才 木

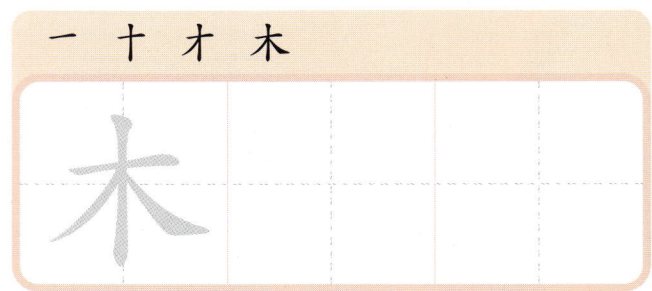

줄기와 뿌리가 나와 있는 한 그루의 나무 모양을 본뜬 글자예요.

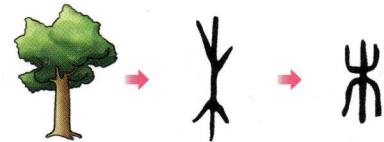

- 木手(목수): 나무를 다루는 일을 직업으로 하는 사람.
  예) 木手는 목공소에서 일합니다.
- 校木(교목): 학교를 상징하는 나무.
  예) 우리 학교의 校木은 느티나무입니다.

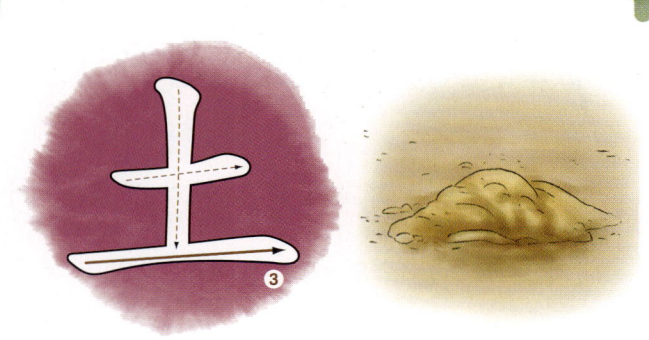

| 쇠 금 성 김 | 부수: 金 | 총획: 8획 |

| 흙 토 | 부수: 土 | 총획: 3횤 |

ノ 人 人 △ 今 全 余 金

一 十 土

🔍 세 번째 획보다 짧게 쓰세요.

이렇게 만들어졌군!

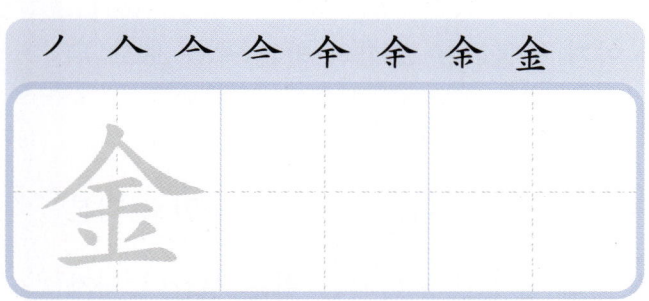

두 덩어리의 쇳덩이와 그것을 녹이는 도가니의 모양을 본뜬 글자예요. 2개의 점으로 반짝임을 나타냈어요.

이렇게 만들어졌군!

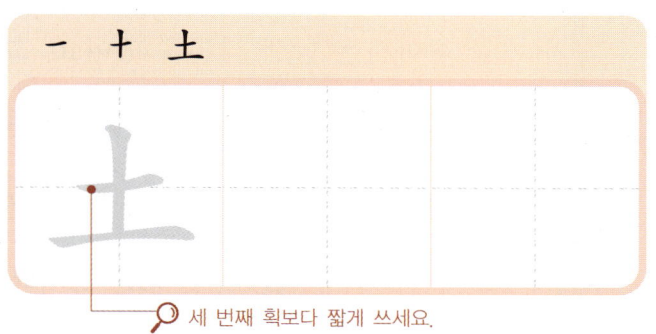

땅 위에 한 무더기의 흙이 쌓여 있는 모습을 본뜬 글자예요.

이렇게 쓰이는군!

- 白金(백금): 은백색을 띠는 금속.
  - 예) 엄마가 白金 목걸이를 새로 사셨습니다.
- 年金(연금): 국가 또는 공공 단체가 매년 정기적으로 주는 돈.
  - 예) 우리나라는 국민 年金 제도를 실시하고 있습니다.

이렇게 쓰이는군!

- 土人(토인): 어떤 지역에 예전부터 대대로 정착하여 사는 사람.
  - 예) 아프리카의 밀림에는 土人들이 많습니다.
- 國土(국토): 나라의 땅.
  - 예) 우리나라의 國土는 산지가 많습니다.

동화로 속속~!
두더지의 시력

동화를 읽으며 한자의 독음을 써 보아요.

숲 속 동물 학교의 많은 아기 동물 중 가장 멋쟁이는 토끼예요. **흰[白**: 흰 ①　　**]** 털을 가진 토끼는 요일마다 정해진 색의 리본을 머리에 달고 왔어요.

월요일[月: 달 ②　　**]** 에는 빨간색 리본, **화요일[火**: 불 ③　　**]** 에는 주황색 리본, **수요일[水**: 물 ④　　**]** 에는 노란색 리본, **목요일[木**: 나무 ⑤　　**]** 에는 초록색 리본, **금요일[金**: 쇠 ⑥　　**]** 에는 **파란[青**: 푸를 ⑦　　**]** 색 리본, **토요일[土**: 흙 ⑧　　**]** 에는 아기 토끼가 가장 좋아하는 남색 리본을 맸어요. 그래서 아기 동물들은 토끼의 리본 색을 보고 무슨 요일인지 알 수 있었지요. 눈이 나쁜 두더지만 빼고 말이에요.

토끼를 좋아하는 두더지는 친구들에게서 토끼가 요일마다 다르게 무지개 빛깔로 리본을 매고 온다는 얘기를 들었어요. 토끼와 말을 하고 싶었던 두더지는 쉬는 시간이 되자 토끼 주변을 맴돌며 말할 기회를 찾았어요.
→ 어떤 사람의 주변을 되풀이하여 움직이는 것.
'오늘이 토요일이니까 빨주노초파남보, 보라색 리본이겠구나!'

미안해. 나 안경 더 좋은 것으로 바꿀게.

색 · 요일과 관계있는 한자

| 모범 답안 | 107쪽

배정 한자 익히기

"토끼야!"

두더지가 용기를 내어 토끼를 불렀어요.

"두더지구나. 왜 그러니?"

토끼가 자신을 쳐다보자 두더지는 몹시 부끄러웠지만 그래도 용기를 내어 말했어요.

"오늘 보라색 리본을 맸구나. 정말 예쁘다."

"응? 보라색 리본이라고? 토요일은 남색 리본을 매는 날이란 말야. 두더지는 나에게 관심이 없구나. 으앙!"

토끼가 울음을 터뜨리자 아기 동물들이 모두 몰려왔어요.

"두더지야, 왜 토끼를 울리니?"

두더지는 눈이 나빠서 그만 실수를 했던 것이었어요.

"미안해. 눈이 나빠서 무슨 색인지 잘 몰랐어."

"그랬던 거구나. 나도 울어서 미안해."

토끼가 두더지의 손을 잡으며 웃자 친구들도 모두 함께 웃었답니다.

두더지 얼굴이 불난 것처럼 빨개졌네.

하나. 배정 한자 익히기 47

게임으로 쏙쏙~!

🌀 승학이는 친구와 청기백기 게임을 하기로 했어요. 깃발을 중간에 위치하도록 들고 있다가 올리거나 내리면 되는 게임이에요. 깃발이 움직인 방향에 있는 칸을 색칠해 보세요.

청기 올리고 백기 내려.

청기 내리고 백기 내려.

청기 백기 모두 내려.

청기 올리지 말고 백기 내려.

청기 내리지 말고 백기 올려.

청기 내리지 말고
백기 올리지 마.

청기 내리지 말고 백기 내려.

청기 내리고 백기 올리지 마.

청기 올리고 백기 내리지 마.

48 한자능력검정시험 8급

| 모범 답안 | 107쪽

팽팽이가 크레파스를 상자에 담으려고 해요. 아래 상자의 훈과 음에 맞는 한자가 쓰인 크레파스에 ○표 해 보세요.

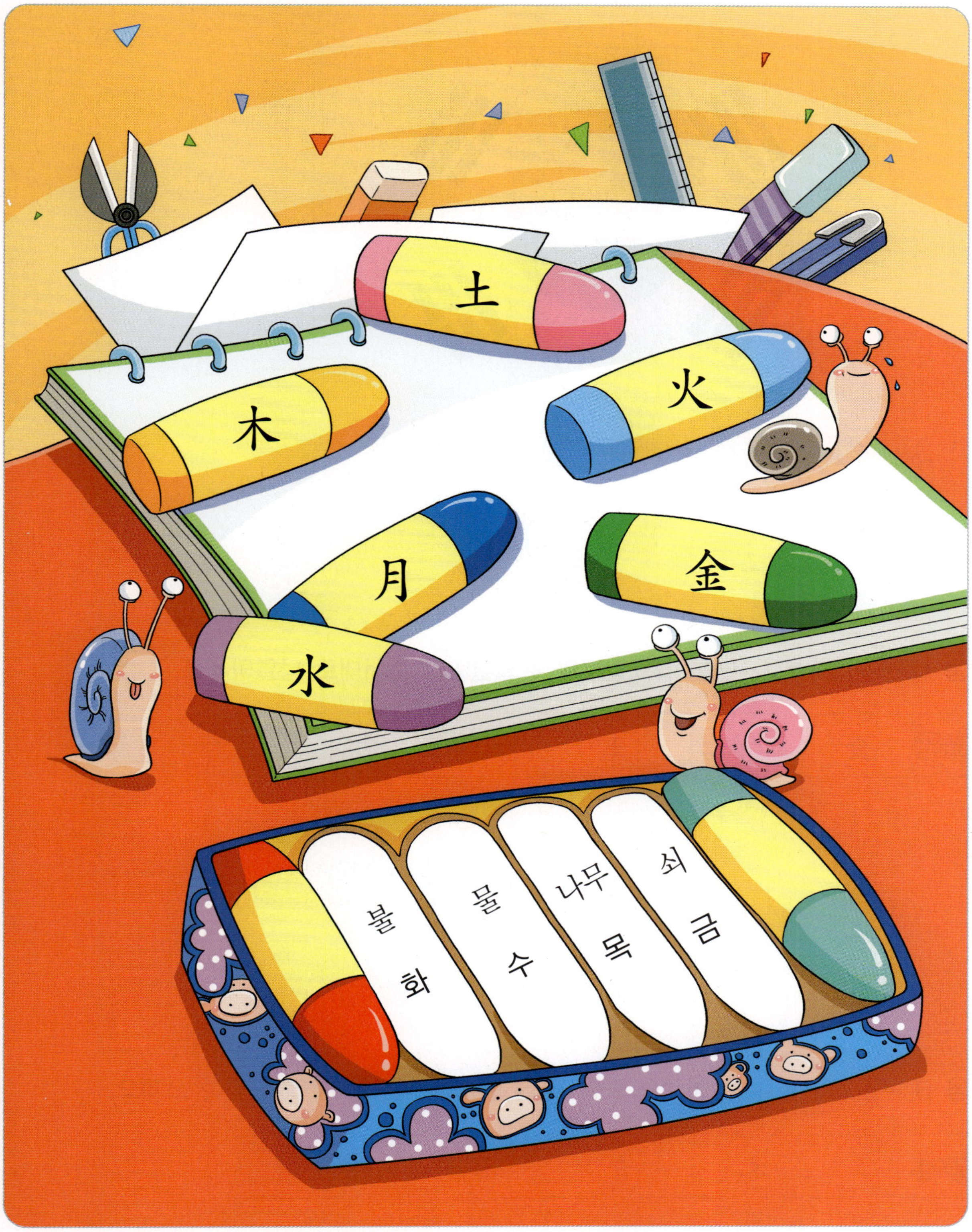

100점 만점에 100점

1 다음 그림에서 화살표가 가리키는 부분의 색을 보기에서 찾아 번호를 쓰세요.

보기   ① 火   ② 白   ③ 靑   ④ 月

(1) (   )   (2) (   )

2 다음 보기의 漢字(한자)들을 월요일부터 토요일까지 순서대로 나열하세요.

보기   金   水   土   火   木   月

(   ) - (   ) - (   ) - (   ) - (   ) - (   )

3 다음 漢字(한자)와 반대(상대)되는 뜻을 가진 漢字(한자)를 보기에서 찾아 쓰세요.

보기   木   靑   水   金

火 ↔ (   )

| 모범 답안 | 107쪽

4 다음 문장에서 밑줄 친 글자에 해당하는 漢字(한자)를 보기 에서 찾아 번호를 쓰세요.

> 보기   ① 青   ② 金   ③ 土   ④ 水

(1) 한 청년이 위험에 처한 어린이를 구했습니다.   (   )

(2) 바다 속에는 다양한 수중 생물이 삽니다.   (   )

(3) 엄마가 백금 목걸이를 새로 사셨습니다.   (   )

5 다음 문장에 사용된 요일을 보기 에서 모두 찾아 쓰세요.

> 보기   水   金   土   月   土

> 월요일은 새로운 일주일의 시작이다. 그래서 항상 새로운 마음가짐으로 아침을 맞이한다. 그리고 수요일 저녁은 일주일의 절반이 지나간 때이기 때문에 지나간 3일 간의 행동을 다시 돌아보고 주말에 무엇을 할 것인지 계획을 세운다. 그리고 기대하던 금요일이 되면 주말에 대한 기대로 인해 하루가 금방 지나가는 것 같다.

(   )

6 다음 漢字(한자) 중에서 총획 수가 가장 많은 漢字(한자)를 찾아 쓰세요.

> 보기   白   金   月   火

(   )

한자 속속~! '나라·크기'와 관계있는 한자

한자를 한 글자 한 글자 자세히 공부해 보아요.

한국/나라 **한** | 부수: 韋 | 총획: 17획

나라 **국** | 부수: 口 | 총획: 11획

十 古 卓 卓 卓 韋 韓 韓 韓

丨 冂 冂 冃 囘 囘 國 國 國 國

이렇게 만들어졌군!

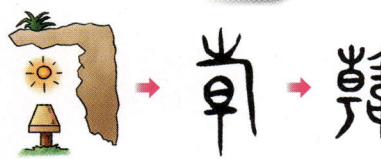

막 떠오른 아침 해가 제단이 있는 낭떠러지 밑을 비추는 모양을 본뜬 글자예요.

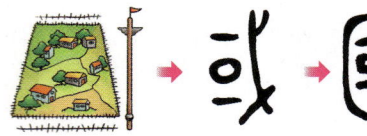

백성들이 무기를 들고 국경선 안의 나라를 지키고 있는 모습을 본뜬 글자예요.

이렇게 쓰이는군!

- 韓室(한실): 한국식으로 꾸민 방.
  - 예) 큰 호텔에는 韓室과 양실이 있습니다.
- 韓人(한인): 외국에 나가 살고 있는 한국 사람.
  - 예) 미국에는 韓人 타운이 있습니다.

- 國軍(국군): 나라의 군대.
  - 예) 國軍 장병 아저씨께 위문 편지를 보냈습니다.
- 國民(국민): 국가를 구성하는 사람.
  - 예) 나라의 발전을 위하여 國民 각자가 열심히 일해야 할 때입니다.

가운데 중 | 부수: ㅣ | 총획: 4획

ㅣ 口 口 中			
中			

 이렇게 **만들**어졌군!

둥근 원 안에 꽂혀 있는 깃대의 모양을 본뜬 글자예요.

이렇게 **쓰이**는군!

- 中年(중년): 마흔 살 안팎의 나이. 청년과 노년의 중간.
  - 예 中年이 되면 건강에 특히 유의해야 합니다.
- 中學生(중학생): 중학교에 다니는 학생.
  - 예 우리 형은 中學生입니다.

날 일 | 부수: 日 | 총획: 4획

ㅣ 冂 日 日			
日			

이렇게 **만들**어졌군!

하늘에 있는 둥근 해의 모양을 본뜬 글자예요.

이렇게 **쓰이**는군!

- 生日(생일): 태어난 날.
  - 예 나의 生日은 10월 5일입니다.
- 韓日(한일): 한국과 일본을 아울러 이르는 말.
  - 예 韓日 양국은 서로 협력을 다짐했습니다.

 '나라·크기'와 관계있는 한자

한자를 한 글자 한 글자 자세히 공부해 보아요.

큰 대 | 부수: 大 | 총획: 3획

一 ナ 大

작을 소 | 부수: 小 | 총획: 3획

좌우의 모양이 같을 때에는 가운데부터 쓰세요.

亅 小 小

이렇게 만들어졌군!

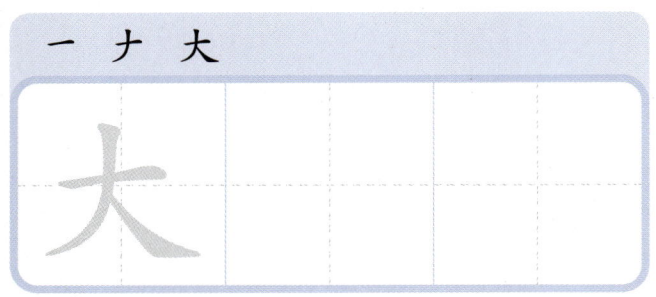

사람이 두 팔과 다리를 벌리고 똑바로 서 있는 모습을 본뜬 글자예요. 팔다리를 크게 벌린 모습에서 '크다'라는 뜻을 나타내요.

이렇게 만들어졌군!

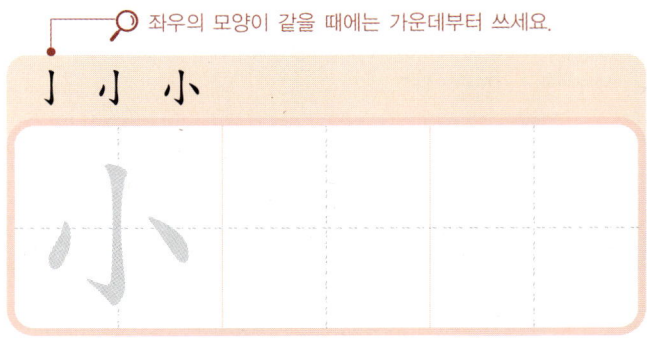

긴 칼이나 막대로 물건을 잘게 나누는 모습을 본뜬 글자예요. 좌우의 작은 점이 작게 나누어진 모습을 뜻해요.

이렇게 쓰이는군!

- 大小(대소): 사물의 크고 작음. 큰 것과 작은 것.
  - 예) 이장님은 마을의 大小사에 항상 앞장서십니다.
- 大軍(대군): 병사의 수가 많은 군대.
  - 예) 당나라가 수십만 大軍을 거느리고 고구려를 침략했습니다.

이렇게 쓰이는군!

- 小國(소국): 국력이 약하거나 땅이 작은 나라.
  - 예) 모나코는 지중해에 있는 小國입니다.
- 小人(소인): 나이가 어린 사람.
  - 예) 대개 小人은 대인보다 입장료가 쌉니다.

 옛날 한자(漢字)의 모습은?

옛날부터 중국의 약재료에는 '용골(龍骨)'이라는 것이 있었어요. '용골'이란 이상한 그림과 기호가 적혀 있는 동물의 뼈로, 이 약재를 먹으면 허약한 정신과 몸에 기운을 준다고 하여 오래 전부터 한약재로 사용된 것이지요.

그런데 중국 청(淸)나라 말기의 학자인 유악(劉顎)이 우연히 '용골'의 겉에 쓰인 기호를 보게 되었어요.

그는 그 기호가 어떤 의미를 전달하기 위한 글자와 같은 것이라고 판단하고는 연구를 시작하게 되었어요.

한약재를 팔던 곳에 많이 나와 있던 '용골'을 잔뜩 사들인 그는 그 기호들을 비교하고 분석해 보았어요. 그리고 이 기호들이 고대 중국에서 사용되던 한자의 기원이 되는 글자라는 것을 알게 되었지요.

1903년 유악은 그동안 연구했던 기호에 대한 책을 편찬하였는데, 이것이 바로 갑골문(甲骨文)을 세상에 처음 알린 책이에요.

갑골문의 '갑(甲)'은 거북이의 껍질을 말하는 것이고, '골(骨)'은 뼈를 말해요. 즉 갑골문은 거북이의 등껍질이나 짐승의 뼈에 새겨진 문자를 뜻하는 말이지요.

거북의 등에 새긴 갑골 문자 ▶

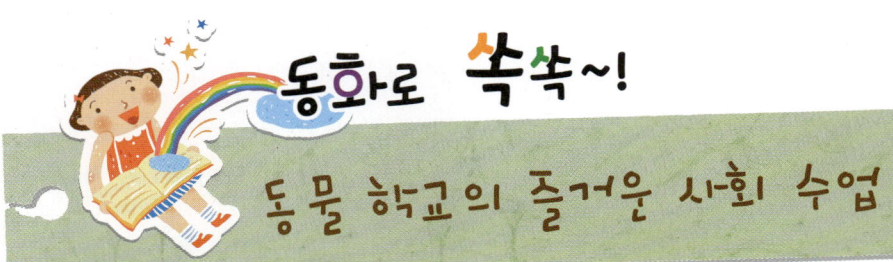

동물 학교의 즐거운 사회 수업

동화를 읽으며 한자의 독음을 써 보아요.

숲 속 동물 학교 아기 동물들은 오늘 사회 수업을 했어요. 그래서 세계의 여러 **나라** [國: 나라 ①]에 대해 배웠지요.

"우리가 살고 있는 나라는 **한국**[韓: 한국 ②]이랍니다. 한국은 중국과 일본의 **가운데**[中: 가운데 ③]에 있어요. 다들 중국과 일본에 대해서 들어본 적 있죠?"

부엉이 선생님 말씀에 아기 동물들은 웅성웅성하며 중국과 일본에 대해서 자신들이 아는 것을 이야기하느라 바빴어요.

"일본은 태풍이나 지진이 자주 발생한대요."
→ 태평양에서 아시아 대륙으로 불어오는 강한 폭풍우.

토끼가 무섭다는 듯이 말했어요. 그러자 여우도 한 마디 했지요.

"우리 고모는 중국에 살고 있어요. 중국은 땅이 정말 **크고**[大: 큰 ④] 넓대요."

나라 · 크기 와 관계있는 한자

|모범 답안| 108쪽

그런데 작은[小: 작을 ⑤] 몸집을 가진 두더지는 혼자 공상에 잠겼어요.

→ 실제로 이루기 어려운 일을 막연히 생각함.

'중국은 땅이 넓다고? 북쪽으로 계속 땅을 파고 가면 중국까지 가게 되는 걸까?'

땅파기를 좋아하는 두더지는 크고 넓은 땅에서 자신이 마음껏 땅을 파고 있는 모습을 상상하며 기분이 좋아졌어요. 그리고는 언젠가 꼭 중국에 가 보리라 마음먹었지요.

"자, 한국과 중국, 일본 외에도 세계에는 정말 많은 나라가 있답니다. 오늘 숙제로는 내가 가고 싶은 나라와 그 나라에 많이 사는 동물은 어떤 종류가 있는지 적어오도록 해요."

"네! 선생님, 오늘은 정말 수업이 재미있는 날[日: 날 ⑥]이었어요."

아기 동물들은 세계 여러 나라에 대해서 알 수 있는 사회 시간이 매우 즐거웠다고 이야기하며 숙제를 하기 위해 집으로 돌아갔답니다.

한국, 중국, 일본 세 나라의 사람들이 서 있네요. 각각의 나라를 가리키는 한자를 연결하여 알맞은 훈과 음을 찾아가 보세요.

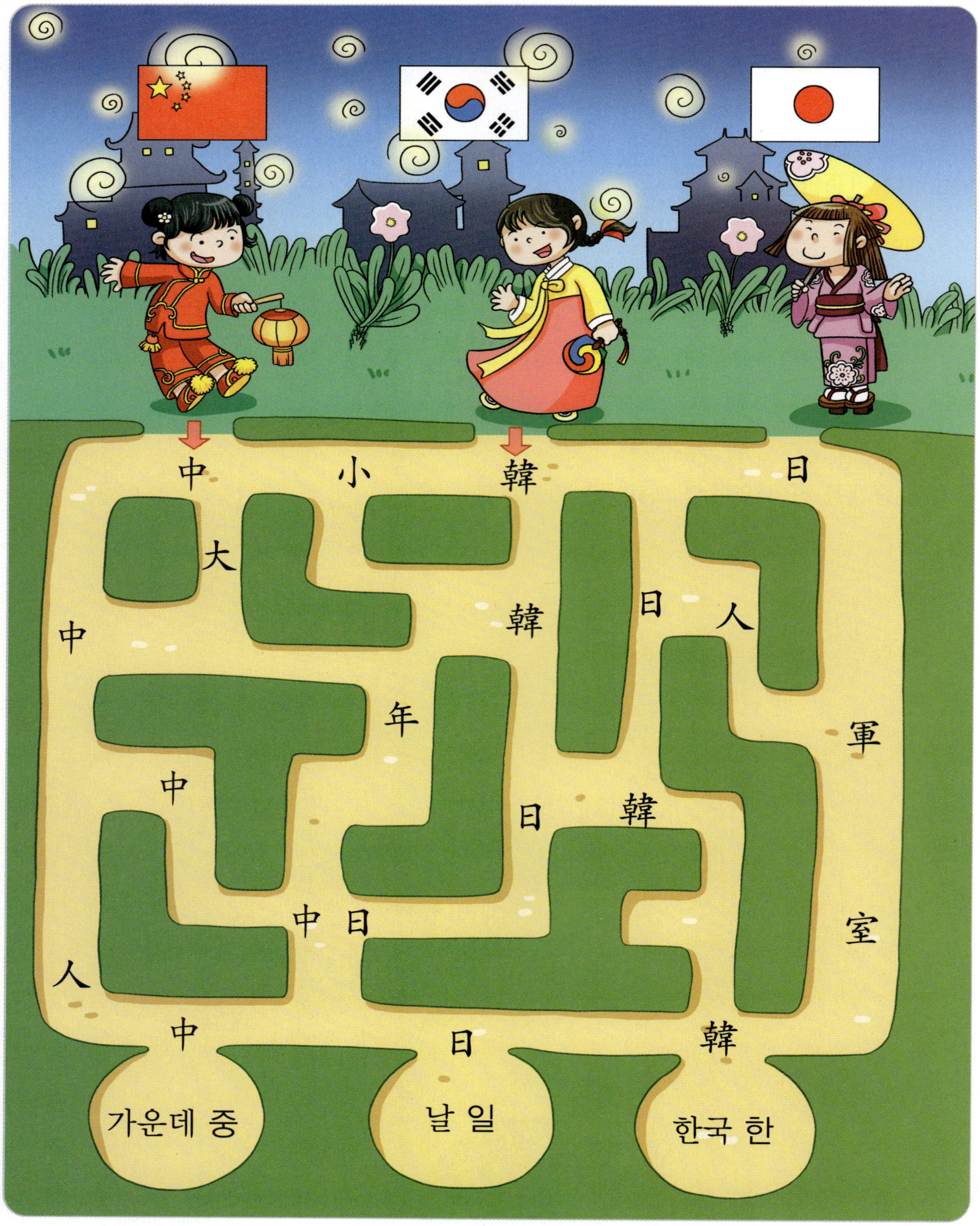

개미 형제들이 부지런히 일을 하고 있어요. 개미의 배에 쓰인 한자에 알맞은 훈과 음을 연결해 보세요.

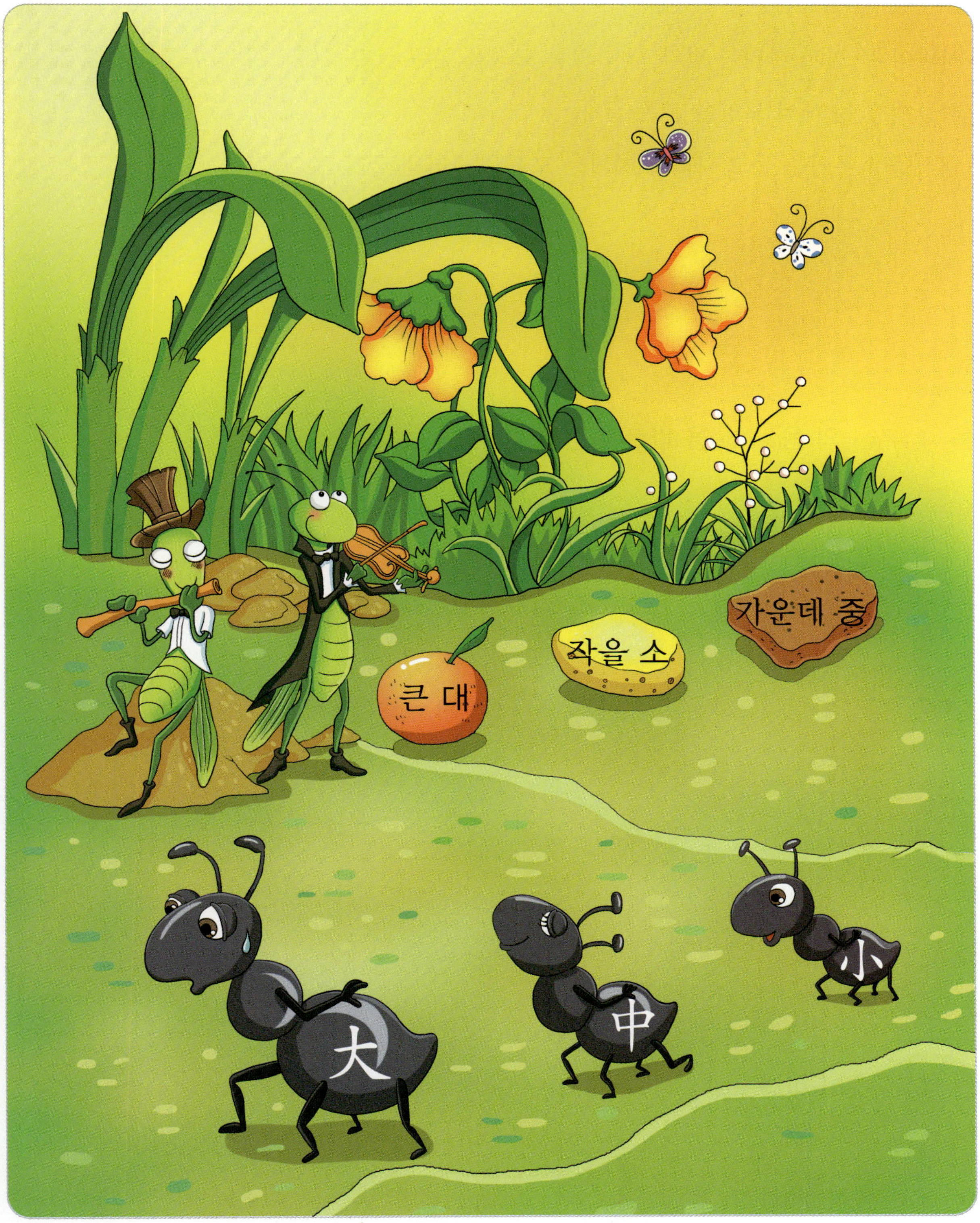

100점 만점에 100점

1 다음 설명에 해당하는 漢字(한자)를 보기에서 찾아 번호를 쓰세요.

> 보기   ① 日   ② 中   ③ 國   ④ 大

(1) 사람이 두 팔과 다리를 벌리고 서 있는 모습을 본뜬 글자. (   )

(2) 하늘에 있는 해의 모양을 본뜬 글자.   (   )

(3) 백성들이 무기를 들고 나라를 지키는 모습을 나타낸 글자. (   )

2 다음 漢字(한자)의 음(音: 소리)을 바르게 연결하세요.

(1) 韓 ·   · ① 일

(2) 日 ·   · ② 중

(3) 中 ·   · ③ 국

(4) 國 ·   · ④ 한

3 다음 漢字(한자)와 반대(상대)되는 뜻을 가진 漢字(한자)를 보기에서 찾아 쓰세요.

> 보기   日   韓   國   小

大 ↔ (   )

4 다음 말에 알맞은 漢字(한자)를 보기에서 찾아 번호를 쓰세요.

| 보기 | ① 小 | ② 大 | ③ 人 | ④ 軍 |

(1) 사람 (   )　　　　　　　　(2) 크다 (   )

(3) 작다 (   )　　　　　　　　(4) 군사 (   )

5 다음 漢字(한자)의 讀音(독음: 읽는 소리)을 쓰세요.

(1) 軍 (   )　　　　　　　　(2) 大 (   )

(3) 小 (   )　　　　　　　　(4) 人 (   )

6 다음 문장에서 밑줄 친 한자어의 讀音(독음: 읽는 소리)을 쓰세요.

(1) <u>中國</u>은 세계에서 인구가 가장 많다.　　　　　(   )

(2) 경제 <u>大國</u>이 되기 위해 사람들이 열심히 일한다.　　(   )

7 다음 보기의 漢字(한자)를 이용하여 우리나라의 정식 명칭을 네 글자로 완성하세요.

| 보기 | 國　日　韓　民　大 |

(   )

한자를 한 글자 한 글자 자세히 공부해 보아요.

군사 **군** | 부수: 車 | 총획: 9획

丨 冖 冖 冖 冖 宁 宣 宣 軍

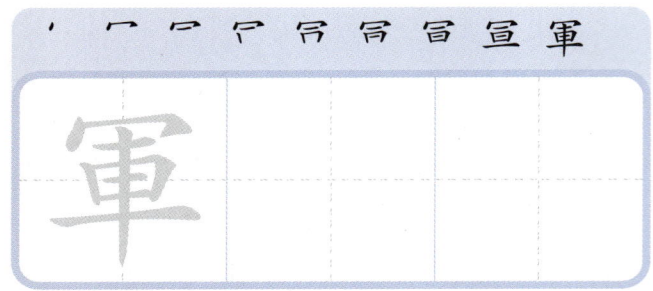

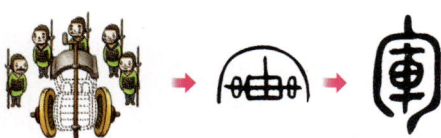

전투에 사용하는 전차를 둘러싸고 진을 친 모양을 본뜬 글자예요.

- 軍人(군인): 육군, 해군, 공군의 장교·하사관·병사를 통틀어 이르는 말.
  - 예) 우리 아버지의 직업은 軍人입니다.
- 女軍(여군): 여자 군인. 여자 군인으로 조직된 군대.
  - 예) 희정이의 장래 희망은 女軍이 되는 것입니다.

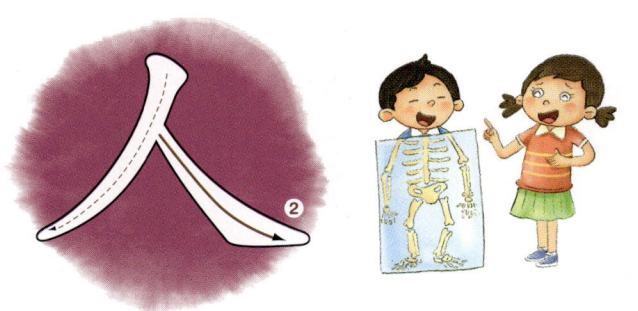

사람 **인** | 부수: 人 | 총획: 2획

丿 人

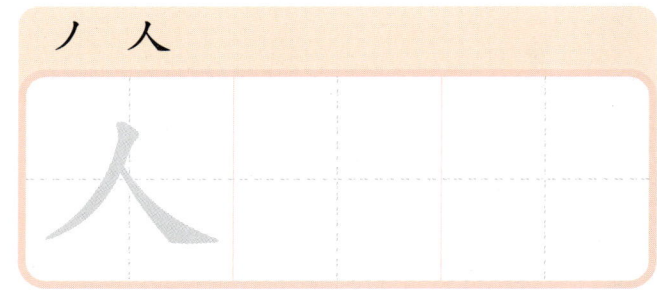

사람이 손을 앞으로 뻗고 서 있는 옆 모습을 본뜬 글자예요.

- 人生(인생): 사람이 세상을 살아가는 일. 사람이 살아 있는 기간.
  - 예) 人生은 짧고 예술은 길다.
- 萬人(만인): 아주 많은 사람. 모든 사람.
  - 예) 그의 선행을 萬人이 칭찬했습니다.

| 임금 | **왕** | 부수: 玉(王) | 총획: 4획 |

| 백성 | **민** | 부수: 氏 | 총획: 5획 |

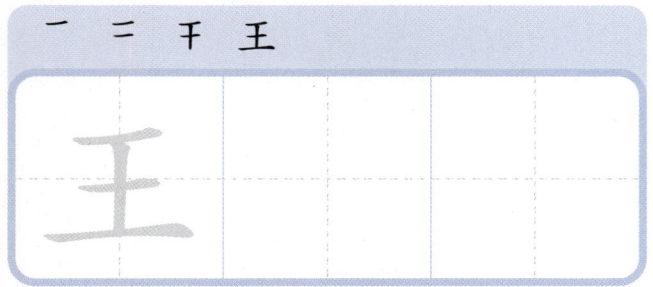

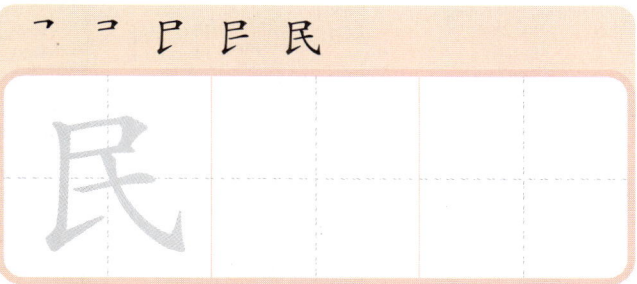

이렇게 만들어졌군!

하늘과 땅을 이어주는 사람을 나타낸 글자예요. 고대에는 왕이 하늘에 제사를 지내는 제사장의 역할도 했으므로, 왕이 하늘과 땅을 이어주는 존재라는 뜻을 나타내요.

이렇게 만들어졌군!

칼로 포로의 한쪽 눈을 찌르는 모습을 본뜬 글자예요. 본래는 '노예'라는 뜻이었으나 '백성'이라는 뜻으로 변했어요.

이렇게 쓰이는군!

- **王國**(왕국): 임금이 다스리는 나라.
  - 예) 석가모니는 인도의 한 <u>王國</u>의 왕자로 태어났습니다.
- **大王**(대왕): 훌륭하고 업적이 뛰어난 임금을 높여 일컫는 말.
  - 예) 광화문 앞에 세종<u>大王</u> 동상이 있습니다.

이렇게 쓰이는군!

- **民生**(민생): 일반 국민의 생활.
  - 예) 대통령은 <u>民生</u>의 안정을 위해 노력합니다.
- **國民**(국민): 국가를 구성하는 사람.
  - 예) 우리나라의 주인은 모든 <u>國民</u>입니다.

그 밖의 한자

한자를 한 글자 한 글자 자세히 공부해 보아요.

| 문 | **문** | 부수: 門 | 총획: 8획 |

丨 冂 冂 冃 門 門 門 門

이렇게 만들어졌군!

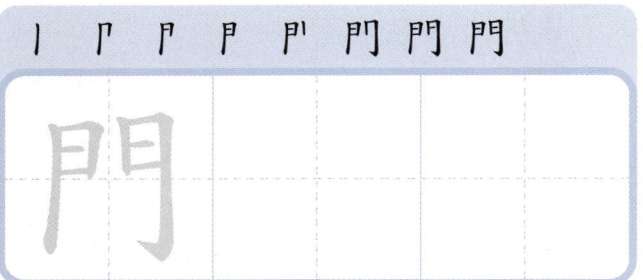

두 개의 문짝을 달아 놓은 모양을 본뜬 글자예요.

이렇게 쓰이는군!

- 門中(문중): 성과 본이 같은 가까운 집안.
  - 예) 아버지는 門中 회의에 참석하러 고향에 가셨습니다.
- 校門(교문): 학교의 정문.
  - 예) 학교마다 校門의 특색이 있습니다.

| 바깥 | **외** | 부수: 夕 | 총획: 5획 |

丿 ク 夕 夘 外

이렇게 만들어졌군!

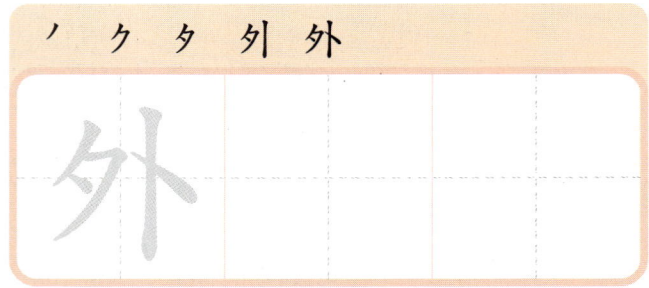

점(卜)은 보통 아침에 치는데 저녁(夕)에 점을 치는 것은 예외적(바깥)이라는 뜻에서 만들어진 글자예요.

이렇게 쓰이는군!

- 外國(외국): 다른 나라.
  - 예) 올림픽 때는 많은 外國 사람들이 찾아옵니다.
- 室外(실외): 방이나 건물의 밖.
  - 예) 실내화를 신고 室外로 나가면 안 됩니다.

| 메 | 산 | 부수: 山 | 총획: 3획 |

메: 산을 예스럽게 이르는 말.

| 해 | 년 | 부수: 干 | 총획: 6획 |

이렇게 만들어졌군!

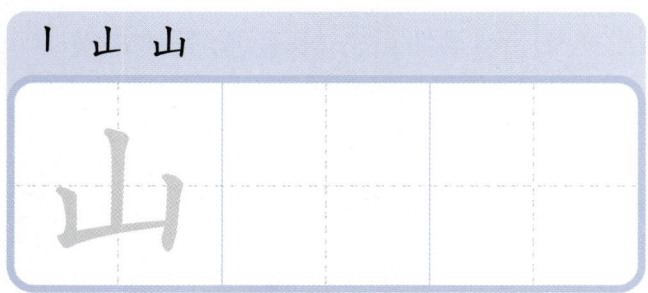

나란히 있는 세 개의 산봉우리 모양을 본뜬 글자예요.

이렇게 만들어졌군!

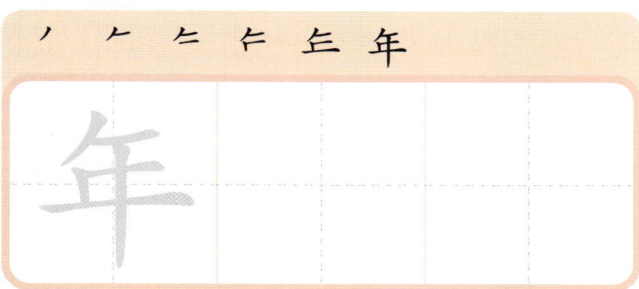

볏단을 지고 가는 사람의 모습을 본뜬 글자예요. 벼를 심어 수확하는 농사일이 1년을 단위로 이루어진다는 뜻에서 만들어졌지요.

이렇게 쓰이는군!

- 山水(산수): '산과 물'이라는 뜻으로, 자연의 경치를 이르는 말.
  - 예) 우리나라는 山水가 아름다운 곳이 많습니다.
- 山中(산중): 산속.
  - 예) 깊은 山中에서는 길을 잃기 쉽습니다.

이렇게 쓰이는군!

- 年中(연중): 한 해 동안.
  - 예) 제주도에는 年中 내내 관광객이 많습니다.
- 學年(학년): 일 년 동안 배우는 학과의 정도에 따라 나눈 학교의 단계.
  - 예) 영민이 형은 나보다 두 學年 위입니다.

동화로 쏙쏙~!
아기 동물들의 장래 희망

동화를 읽으며 한자의 독음을 써 보아요.

오늘은 동물 학교에서 아기 동물들의 장래 희망을 알아보는 시간을 가졌어요. 부엉이 선생님은 동물들이 적어낸 장래 희망을 읽고 계시네요.

"음, 고슴도치는 군인[軍: 군사 ①　]이 되고 싶구먼. 하긴 고슴도치의 가시를 보면 사람[人: 사람 ②　]들이 겁을 먹고 도망가겠지. 허허허!"

부엉이 선생님은 씩씩한 군인이 된 고슴도치를 상상하며 웃으셨어요.

"어디 보자. 여우는 왕[王: 임금 ③　]이 되어 백성[民: 백성 ④　]들을 잘 돌보고 싶다고? 토끼는 예쁜 아기들을 많이 낳아 훌륭한 어머니가 되고 싶구나. 역시 토끼다워."

← 일반 국민을 예스럽게 부르는 말.

부엉이 선생님은 귀여운 제자들의 얼굴을 떠올리며 흐뭇해하셨어요.

← 스승에게 가르침을 받는 사람.

"들쥐는 뭐라고 썼을까? 멋진 문[門: 문 ⑤　]이 달린 큰 집을 갖고 싶어요? 많은 식구들을 챙기는 모습이 기특하군."

기특한 녀석들!

그 밖의 한자

| 모범 답안 | 108쪽

"고라니의 희망은 무엇일까? 사슴과 대결해서 이기고 싶다고? 이런, 사슴은 뿔이 있어 위험한데. 고라니에게 이 사실을 알려줘야겠구먼. 어디 보자, 아기곰은 쌀가게 사장님. 허허허, 겨울잠은 안 잘 건지 물어봐야겠군. 너구리는 뭐라고 적었는지 볼까?"

'부엉이 선생님처럼 훌륭한 선생님이 되어 숲 속 아기 동물들을 가르치고 싶습니다.'

부엉이 선생님은 왠지 가슴이 뭉클해졌어요. 아기 동물들을 가르친 일 년[年: 해 ⑥]이라는 시간이 참으로 보람되셨지요.

마음이 따뜻해진 부엉이 선생님은 곤히 자고 있을 아기 동물들을 생각하며 밖[外: 바깥 ⑦]으로 나가 멀리 산[山: 메 ⑧]을 한 바퀴 돌며 아기 동물들의 희망을 이루게 하기 위해 더욱 열심히 가르쳐야겠다고 다짐하셨답니다.

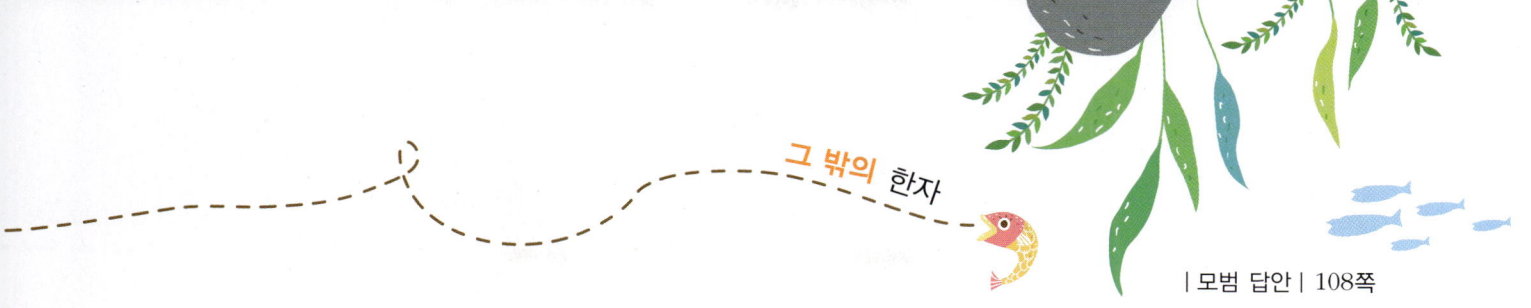

넓게 넓게 파자!

동물 친구들에게 유기농 쌀을 주어야지!

게임으로 쏙쏙~!

옛날에는 군사들이 지키는 성 안에 왕과 백성들이 살고 있었어요. 아래 그림에서 왕과 군사를 찾아 ○표 하세요.

| 모범 답안 | 108쪽

門을 모두 찾아 색칠하고, 뜻과 음을 바르게 써 보세요.   (   )

山	人	民	王	年	人	年	外	軍
王	門	門	門	外	門	門	門	山
民	門	人	門	軍	門	王	門	民
外	門	門	門	山	門	門	門	年
軍	門	軍	門	王	門	民	門	外
王	門	門	門	外	門	門	門	人
山	門	山	人	民	外	年	門	王
外	門	年	外	山	山	人	門	山
軍	門	王	軍	年	王	軍	門	年
民	門	山	外	民	民	山	門	軍
王	外	人	王	人	年	王	民	外

하나. 배정 한자 익히기

100점 만점에 100점

1 다음 그림이 의미하는 漢字(한자)를 보기에서 찾아 번호를 쓰세요.

| 보기 | ① 山 | ② 王 | ③ 軍 | ④ 門 |

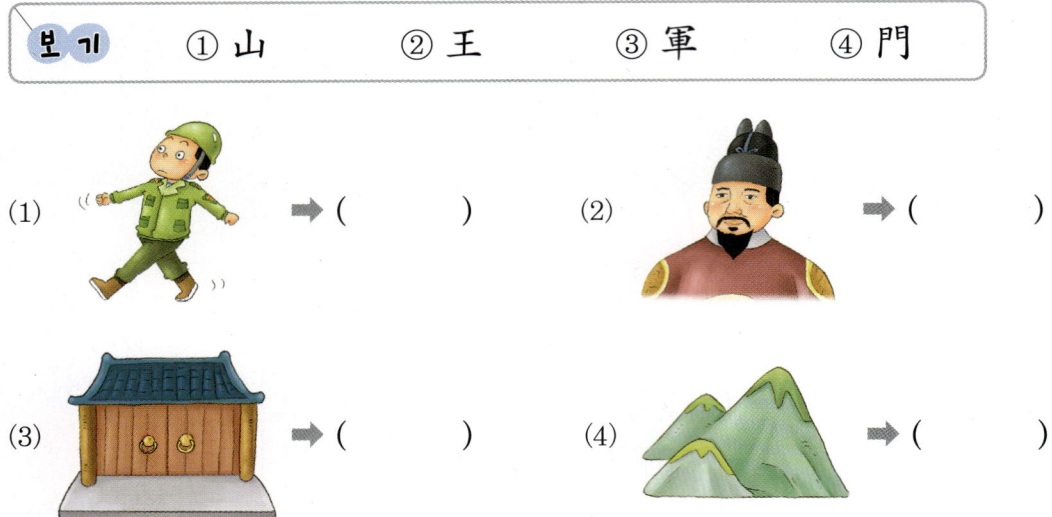

(1) ➡ (　　　)　　(2) ➡ (　　　)

(3) ➡ (　　　)　　(4) ➡ (　　　)

2 다음 漢字(한자)에 맞는 훈(訓: 뜻)과 음(音: 소리)을 연결하세요.

(1) 人 ·　　　　　　· ① 바깥 외

(2) 民 ·　　　　　　· ② 해 년

(3) 年 ·　　　　　　· ③ 사람 인

(4) 外 ·　　　　　　· ④ 백성 민

3 보기에서 총획 수가 가장 많은 漢字(한자)를 찾아 쓰세요.

| 보기 | 山　民　外　年 |

(　　　)

4 다음 문장에서 밑줄 친 漢字(한자)의 음(음: 소리)을 보기 에서 찾아 번호를 쓰세요.

| 보기 | ① 왕 | ② 산 | ③ 소 | ④ 군 |

(1) <u>軍</u>人 아저씨들은 오늘도 나라를 지키고 계신다. (   )

(2) 백두산은 과거 엄청난 규모로 폭발했던 火<u>山</u>이었다. (   )

(3) 조선 시대의 <u>王</u>은 어려서부터 여러 교육을 받았다. (   )

5 다음 문장의 밑줄 친 단어에 해당하는 漢字(한자)를 보기 에서 찾아 쓰세요.

| 보기 | 外 | 門 | 年 | 民 |

(1) 우리 집 강아지는 <u>문</u> 앞에 산다. (   )

(2) 왕은 <u>백성</u>들을 잘 보살펴야 한다. (   )

(3) 집 <u>밖</u>으로 나갈 때는 부모님께 말씀 드려야 한다. (   )

6 다음 뜻을 가진 단어를 보기 의 漢字(한자)를 이용하여 만드세요.

| 보기 | 國 | 門 | 外 | 人 |

다른 나라: (   )

천자문(千字文)은 어떻게 만들어졌지?

옛날 서당에서 어린 학생들이 공부할 때 사용했던 교재 중에서 가장 유명한 것은 천자문이에요. **천자문은 책 제목처럼 천 개의 한자로 이루어져 있는데, 서로 겹치는 글자가 하나도 없지요. 또한 4글자를 하나의 구(句)로 하여, 모두 250개의 구로 되어 있어요.**

천자문의 내용은 하늘과 땅의 변화, 임금에 대한 충성, 사람이 살아가는 법도 등을 모두 다루고 있는데, 그렇다면 이 천자문은 누가 어떻게 만든 것일까요?

지금으로부터 1,800여 년 전에 삼국지(三國志)에 등장하는 조조의 부하 중에 종요라는 사람이 있었어요. 그는 훗날 조조의 아들인 조비가 위나라를 세웠을 때 왕의 명령에 의해 하룻밤 만에 천자문을 만들었다고 전해져요. 그리고 이 책을 만들면서 너무나도 많은 고민과 생각을 하였기에 다음날 날이 밝았을 때는 검은 머리가 모두 하얗게 되었을 정도라고 해요.

천자문이 우리나라에 전해진 시기는 정확하게 알 수 없어요. 그러나 서기 285년 백제의 왕인이 일본에 천자문과 논어를 전했다는 기록이 일본 역사책에 있으므로, 우리나라에는 서기 285년 이전에 천자문이 들어온 것으로 짐작할 수 있지요.

그리고 조선 시대에는 한글로 음과 뜻을 단 천자문이 편찬되고 보급되기도 했어요.

그 중에서 우리에게 널리 알려진 천자문으로는 명필로 유명한 한석봉이 1583년 서울에서 편찬한 석봉 천자문(石峯千字文)이 있답니다.

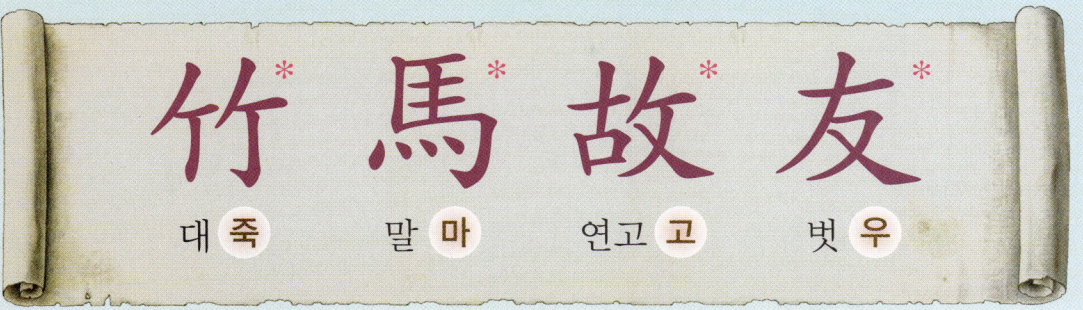

'竹馬故友(죽마고우)'는 '대나무로 만든 말을 타고 함께 놀던 친구'라는 뜻으로, 어릴 때부터 같이 놀며 자란 오랜 벗을 이르는 말이에요.

馬耳東風
말 마   귀 이   동녘 동   바람 풍

'馬耳東風(마이동풍)'은 '말 귀에 부는 동쪽 바람(봄바람)'이라는 뜻으로, 남의 말을 귀담아 듣지 않고 흘려 버리는 것을 이르는 말이에요.

묶음별 한자 익히기

앞서 익힌 배정 한자 중 일부를 다음과 같이 **성격별**로 묶었어요.

| 모양이 비슷한 한자 |
| 뜻이 반대(상대)되는 한자 |
| 잘못 읽기 쉬운 한자 |

끼리끼리 묶어 공부해 보아요.

모양이 비슷한 한자

| 人 | • 부수 : 人
• 총획 : 2
사람 인 | 人生(□생)　　小人(소□)
▶ 生(날 생), 小(작을 소) | 人
사람 인 | | |

| 八 | • 부수 : 八
• 총획 : 2
여덟 팔 | 八月(□월)　　八日(□일)
▶ 月(달 월), 日(날 일) | 八
여덟 팔 | | |

▶ '人'과 '八'은 두 획이 만나는 윗부분에 주의하세요.

| 王 | • 부수 : 玉(王)
• 총획 : 4
임금 왕 | 王室(□실)　　國王(국□)
▶ 室(집 실), 國(나라 국) | 王
임금 왕 | | |

| 五 | • 부수 : 二
• 총획 : 4
다섯 오 | 五月(□월)　　五日(□일)
▶ 月(달 월), 日(날 일) | 五
다섯 오 | | |

| 四 | • 부수 : 囗
• 총획 : 5
넉 사 | 四月(□월)　　四寸(□촌)
▶ 月(달 월), 寸(마디 촌) | 四
넉 사 | | |

| 西 | • 부수 : 襾(西)
• 총획 : 6
서녘 서 | 西山(□산)　　東西(동□)
▶ 山(메 산), 東(동녘 동) | 西
서녘 서 | | |

한자 익히기

1 다음 漢字(한자)의 훈(訓:뜻)과 음(音:소리)을 쓰세요.

(1) 人 ➡ _____　　(2) 西 ➡ _____　　(3) 王 ➡ _____

2 다음 말에 알맞은 漢字(한자)를 보기에서 찾아 그 기호를 쓰세요.

　　　　보기　㉠ 西　　㉡ 五　　㉢ 八　　㉣ 王

(1) 다섯 ➡ _____　　(2) 여덟 ➡ _____　　(3) 서쪽 ➡ _____

정답　**1** (1) 사람 인　(2) 서녘 서　(3) 임금 왕　　**2** (1) ㉡　(2) ㉢　(3) ㉠

| 日 날 일 | • 부수: 日
• 총획: 4 | 生日(생☐)　韓日(한☐)
▶ 生(날 생), 韓(한국 / 나라 한) | 日 날 일 | | |

| 白 흰 백 | • 부수: 白
• 총획: 5 | 白金(☐금)　白人(☐인)
▶ 金(쇠 금), 人(사람 인) | 白 흰 백 | | |

▶ '日'과 '白'은 윗부분의 삐침에 주의하세요.

| 六 여섯 륙 | • 부수: 八
• 총획: 4 | 六十(☐십)　六月(☐월)
▶ 十(열 십), 月(달 월) | 六 여섯 륙 | | |

| 大 큰 대 | • 부수: 大
• 총획: 3 | 大小(☐소)　大人(☐인)
▶ 小(작을 소), 人(사람 인) | 大 큰 대 | | |

| 七 일곱 칠 | • 부수: 一
• 총획: 2 | 七十(☐십)　七月(☐월)
▶ 十(열 십), 月(달 월) | 七 일곱 칠 | | |

| 寸 마디 촌 | • 부수: 寸
• 총획: 3 | 四寸(사☐)　三寸(삼☐)
▶ 四(넉 사), 三(석 삼) | 寸 마디 촌 | | |

한자 익히기

1 다음 漢字(한자)의 훈(訓:뜻)과 음(音:소리)을 쓰세요.

　(1) 日 ➡ _____　　(2) 七 ➡ _____　　(3) 六 ➡ _____

2 다음 말에 알맞은 漢字(한자)를 보기에서 찾아 그 기호를 쓰세요.

　보기　㉠ 白　㉡ 六　㉢ 大　㉣ 寸

　(1) 희다 ➡ _____　　(2) 크다 ➡ _____　　(3) 마디 ➡ _____

정답　**1** (1) 날 일 (2) 일곱 칠 (3) 여섯 륙　**2** (1) ㉠ (2) ㉢ (3) ㉣

둘. 묶음별 한자 익히기

뜻이 반대(상대)되는 한자

| 父
아비 부 | • 부수: 父
• 총획: 4 | 父女(□녀)　　父王(□왕)
▶ 女(계집 녀), 王(임금 왕) | 父
아비 부 | | |

| 母
어미 모 | • 부수: 母(毋)
• 총획: 5 | 母國(□국)　　父母(부□)
▶ 國(나라 국), 父(아비 부) | 母
어미 모 | | |

▶ 아버지와 어머니는 성별이 반대인 짝이에요.

| 兄
형 형 | • 부수: 儿
• 총획: 5 | 長兄(장□)　　學兄(학□)
▶ 長(긴 장), 學(배울 학) | 兄
형 형 | | |

| 弟
아우 제 | • 부수: 弓
• 총획: 7 | 弟子(□자)　　兄弟(형□)
▶ 子(아들 자), 兄(형 형) | 弟
아우 제 | | |

▶ 형은 나보다 먼저 태어나고 아우는 나보다 나중에 태어났기 때문에 태어난 순서가 반대예요.

| 水
물 수 | • 부수: 水
• 총획: 4 | 水中(□중)　　生水(생□)
▶ 中(가운데 중), 生(날 생) | 水
물 수 | | |

| 火
불 화 | • 부수: 火
• 총획: 4 | 火山(□산)　　水火(수□)
▶ 山(메 산), 水(물 수) | 火
불 화 | | |

▶ 물로 불을 끌 수 있기 때문에 물과 불은 반대의 성질을 가졌어요.

한자 익히기

1 다음 漢字(한자)의 훈(訓:뜻)과 음(音:소리)을 쓰세요.

(1) 父 ➡ _____　　(2) 弟 ➡ _____　　(3) 火 ➡ _____

2 다음 漢字(한자)와 반대(상대)되는 뜻을 가진 漢字(한자)를 보기에서 찾아 그 기호를 쓰세요.

보기　㉠ 母　　㉡ 兄　　㉢ 水　　㉣ 子

(1) 火 ⇔ _____　　(2) 父 ⇔ _____　　(3) 弟 ⇔ _____

정답　**1** (1) 아비 부　(2) 아우 제　(3) 불 화　　**2** (1) ㉢　(2) ㉠　(3) ㉡

| 大
큰 대 | • 부수: 大
• 총획: 3 | 大國(☐국)　長大(장☐)
▶ 國(나라 국), 長(긴 장) | 大
큰 대 | | |

| 小
작을 소 | • 부수: 小
• 총획: 3 | 小學(☐학)　大小(대☐)
▶ 學(배울 학), 大(큰 대) | 小
작을 소 | | |

▶ '크다'의 반대는 '작다'예요. '크기가 작다'라는 의미지요.

| 日
날 일 | • 부수: 日
• 총획: 4 | 生日(생☐)　韓日(한☐)
▶ 生(날 생), 韓(한국/나라 한) | 日
날 일 | | |

| 月
달 월 | • 부수: 月
• 총획: 4 | 月中(☐중)　八月(팔☐)
▶ 中(가운데 중), 八(여덟 팔) | 月
달 월 | | |

▶ 해는 아침에 뜨고 달은 저녁에 뜨기 때문에 반대의 뜻이 되어요.

| 敎
가르칠 교 | • 부수: 攴(攵)
• 총획: 11 | 敎生(☐생)　敎室(☐실)
▶ 生(날 생), 室(집 실) | 敎
가르칠 교 | | |

| 學
배울 학 | • 부수: 子
• 총획: 16 | 學校(☐교)　學年(☐년)
▶ 校(학교 교), 年(해 년) | 學
배울 학 | | |

▶ 선생님이 가르쳐 주시면 반대로 학생은 배우지요.

한자 익히기

1 다음 漢字(한자)의 훈(訓:뜻)과 음(音:소리)을 쓰세요.

　(1) 學 ➡ _____　　(2) 月 ➡ _____　　(3) 敎 ➡ _____

2 다음 漢字(한자)와 반대(상대)되는 뜻을 가진 漢字(한자)를 보기 에서 찾아 그 기호를 쓰세요.

　　　　　보기　㉠ 日　㉡ 大　㉢ 敎　㉣ 人

　(1) 月 ⇔ _____　　(2) 學 ⇔ _____　　(3) 小 ⇔ _____

정답 **1** (1) 배울 학 (2) 달 월 (3) 가르칠 교　**2** (1) ㉠ (2) ㉢ (3) ㉡

잘못 읽기 쉬운 한자

| 十 | • 부수: 十
• 총획: 2
열 **십** | 十月(시▢)　九十(▢십)
▶ 月(달 월), 九(아홉 구) | 十
열 십 | | |

▶ 十(십)이 '十月'로 활용될 때에는 '시'로 읽어요.

| 六 | • 부수: 八
• 총획: 4
여섯 **륙** | 六月(유▢)　六十(육▢)
▶ 月(달 월), 十(열 십) | 六
여섯 륙 | | |

▶ 六(륙)이 '六月'로 쓰일 때에는 '유'로 읽고 '五六月'로 쓰일 때에는 '뉴'로 읽어요.

| 年 | • 부수: 干
• 총획: 6
해 **년** | 年金(연▢)　學年(▢년)
▶ 金(쇠 금), 學(배울 학) | 年
해 년 | | |

▶ 年(년)이 한자어의 맨 앞에 올 때에는 '연'으로 읽어요.

| 女 | • 부수: 女
• 총획: 3
계집 **녀** | 女人(여▢)　母女(▢녀)
▶ 人(사람 인), 母(어미 모) | 女
계집 녀 | | |

▶ 女(녀)가 한자어의 맨 앞에 올 때에는 '여'로 읽어요.

| 金 | • 부수: 金
• 총획: 8
쇠 **금**, 성 **김** | 年金(▢금)　金九(김▢)
▶ 年(해 년), 九(아홉 구) | 金
쇠 금, 성 김 | | |

▶ 金이 '쇠'의 뜻으로 쓰일 때에는 '금'으로 읽고, '성'의 뜻으로 쓰일 때에는 '김'으로 읽어요.

한자 익히기

1 다음 漢字(한자)의 훈(訓:뜻)과 음(音:소리)을 쓰세요.

(1) 年 ➡ _____　(2) 女 ➡ _____　(3) 六 ➡ _____

2 다음 밑줄 친 漢字(한자)의 독음을 보기에서 찾아 그 기호를 쓰세요.

보기　㉠ 금　㉡ 김　㉢ 년　㉣ 시　㉤ 십　㉥ 연

(1) 十月 ⬌ _____　(2) 年金 ⬌ _____　(3) 金九 ⬌ _____

정답 **1** (1)해 년 (2)계집 녀 (3)여섯 륙　**2** (1)㉣ (2)㉥ (3)㉡

셋 실전 감각 익히기

실제 시험에 완벽하게 대비할 수 있도록
실전 대비 문제들을 다음과 같이 제시했어요.

한자능력검정시험 **기출 유사 문제**_❸회
한자능력검정시험 **적중 예상 문제**_❾회

1회 한자능력검정시험 기출 유사 문제 8급

▼ 한자의 독음 쓰기

[문제 1~10] 다음 글을 읽고 밑줄 친 漢字(한자)의 讀音(독음:읽는 소리)을 쓰세요.

| 보기 |
| 音 ➡ 음 |

민수는 여름 방학에 (1)兄과 함께 (2)父(3)母님을 따라 시골에 계신 (4)三(5)寸댁을 방문했습니다. 삼촌댁은 (6)門만 나서면 모든 것이 자연 그대로의 모습이었습니다. 집에서 남쪽으로 멀지 않은 곳에 작은 (7)山이 있었고, (8)西쪽으로는 맑은 냇물이 흐르고 있었습니다. 이곳에서 민수는 (9)學(10)校에서 경험하지 못했던 자연의 많은 것들을 배울 수 있었습니다.

(1) 兄 (　　　)　(2) 父 (　　　)

(3) 母 (　　　)　(4) 三 (　　　)

(5) 寸 (　　　)　(6) 門 (　　　)

(7) 山 (　　　)　(8) 西 (　　　)

(9) 學 (　　　)　(10) 校 (　　　)

▼ 한자의 훈과 음 쓰기

[문제 11~20] 다음 漢字(한자)의 훈(訓:뜻)과 음(音:소리)을 쓰세요.

| 보기 |
| 天 ➡ 하늘 천 |

(11) 王 (　　　　　　　)

(12) 土 (　　　　　　　)

(13) 五 (　　　　　　　)

(14) 金 (　　　　　　　)

(15) 民 (　　　　　　　)

(16) 軍 (　　　　　　　)

(17) 大 (　　　　　　　)

(18) 門 (　　　　　　　)

(19) 中 (　　　　　　　)

(20) 弟 (　　　　　　　)

▼ 제시된 말에 알맞은 한자 찾기

[문제 21~30] 다음 말에 알맞은 漢字(한자)를 보기에서 찾아 그 번호를 쓰세요.

| 보기 |
| ① 白　② 萬　③ 東　④ 四 |
| ⑤ 南　⑥ 國　⑦ 敎　⑧ 八 |
| ⑨ 木　⑩ 室 |

(21) 동쪽 (　　)　(22) 남쪽 (　　)

(23) 나라 (　　)　(24) 흰색 (　　)

(25) 나무 (　　)　(26) 넷 (　　)

(27) 가르칠 (　　)　(28) 여덟 (　　)

(29) 집 (　　)　(30) 일만 (　　)

▼ 한자의 훈 찾기

[문제 31~34] 다음 漢字(한자)의 훈(訓:뜻)을 보기에서 찾아 그 번호를 쓰세요.

| 보기 |
| ① 먼저 ② 여섯 ③ 불 ④ 물 |

(31) 水 (   ) (32) 先 (   )

(33) 六 (   ) (34) 火 (   )

▼ 한자의 음 찾기

[문제 35~38] 다음 漢字(한자)의 음(音:소리)을 보기에서 찾아 그 번호를 쓰세요.

| 보기 |
| ① 녀 ② 장 ③ 인 ④ 북 |

(35) 北 (   ) (36) 女 (   )

(37) 長 (   ) (38) 人 (   )

▼ 밑줄 친 말에 알맞은 한자 찾기

[문제 39~48] 다음 글을 읽고 밑줄 친 말에 해당하는 漢字(한자)를 보기에서 찾아 그 번호를 쓰세요.

| 보기 |
| ① 十 ② 韓 ③ 一 ④ 小 |
| ⑤ 七 ⑥ 生 ⑦ 九 ⑧ 二 |
| ⑨ 月 ⑩ 日 |

㉮ 오늘은 철수가 (39)태어난(   ) 지 (40)아홉(   ) 해가 되는 날입니다.

㉯ (41)열(   ) 명 중에서 (42)두(   ) 명은 나보다 달리기가 빠릅니다.

㉰ 이번 추석날 뜬 (43)달(   )은 작년 추석보다 (44)작아(   ) 보입니다.

㉱ 이번 올림픽에서 (45)한국(   )은 선수 규모가 (46)일곱(   ) 번째로 큰 나라였습니다.

㉲ 철수는 (47)날(   )마다 (48)한(   ) 시간은 책을 읽습니다.

▼ 한자의 쓰는 순서 찾기

[문제 49~50] 다음 漢字(한자)의 진하게 표시한 획은 몇 번째에 쓰는지 보기에서 골라 그 번호를 쓰세요.

| 보기 |
| ① 첫 번째   ② 두 번째 |
| ③ 세 번째   ④ 네 번째 |
| ⑤ 다섯 번째 ⑥ 여섯 번째 |
| ⑦ 일곱 번째 ⑧ 여덟 번째 |
| ⑨ 아홉 번째 ⑩ 열 번째 |

(49)

白 (   )

(50)

先 (   )

모범 답안은 109쪽에 있습니다.

2회 한자능력검정시험 기출 유사 문제 8급

▼ 한자의 독음 쓰기

[문제 1~10] 다음 글을 읽고 밑줄 친 漢字(한자)의 讀音(독음:읽는 소리)을 쓰세요.

보기
音 ➡ 음

방정환 (1)先(2)生은 (3)靑(4)年 문학 단체를 조직하면서 어린이 운동에 관심을 보이셨고, 이후 (5)五(6)月 (7)一(8)日을 어린이날로 정하셨습니다.
또한 어린이들에 대한 (9)父(10)母의 생각을 바꾸기 위해 전국을 돌며 강연을 하셨습니다.

(1) 先 (   )   (2) 生 (   )

(3) 靑 (   )   (4) 年 (   )

(5) 五 (   )   (6) 月 (   )

(7) 一 (   )   (8) 日 (   )

(9) 父 (   )   (10) 母 (   )

▼ 한자의 훈과 음 쓰기

[문제 11~20] 다음 漢字(한자)의 훈(訓:뜻)과 음(音:소리)을 쓰세요.

보기
天 ➡ 하늘 천

(11) 寸 (   )

(12) 十 (   )

(13) 北 (   )

(14) 外 (   )

(15) 兄 (   )

(16) 六 (   )

(17) 三 (   )

(18) 人 (   )

(19) 西 (   )

(20) 門 (   )

▼ 제시된 말에 알맞은 한자 찾기

[문제 21~30] 다음 말에 알맞은 漢字(한자)를 보기에서 찾아 그 번호를 쓰세요.

보기
① 水   ② 長   ③ 南   ④ 國
⑤ 軍   ⑥ 二   ⑦ 九   ⑧ 民
⑨ 八   ⑩ 中

(21) 아홉 (   )   (22) 남쪽 (   )

(23) 여덟 (   )   (24) 물 (   )

(25) 나라 (   )   (26) 가운데 (   )

(27) 군사 (   )   (28) 백성 (   )

(29) 긴 (   )   (30) 둘 (   )

▼ 한자의 훈 찾기

[문제 31~34] 다음 漢字(한자)의 훈(訓:뜻)을 보기에서 찾아 그 번호를 쓰세요.

┤보기├
① 계집   ② 일만   ③ 작을   ④ 한국

(31) 萬 (　　　)   (32) 小 (　　　)

(33) 韓 (　　　)   (34) 女 (　　　)

▼ 한자의 음 찾기

[문제 35~38] 다음 漢字(한자)의 음(音:소리)을 보기에서 찾아 그 번호를 쓰세요.

┤보기├
① 토   ② 왕   ③ 화   ④ 금

(35) 金 (　　　)   (36) 土 (　　　)

(37) 火 (　　　)   (38) 王 (　　　)

▼ 밑줄 친 말에 알맞은 한자 찾기

[문제 39~48] 다음 글을 읽고 밑줄 친 말에 해당하는 漢字(한자)를 보기에서 찾아 그 번호를 쓰세요.

┤보기├
① 學   ② 山   ③ 七   ④ 室
⑤ 木   ⑥ 弟   ⑦ 大   ⑧ 白
⑨ 四   ⑩ 校

㉮ 우리 (39)집(　　) 에는 (40)네(　　) 마리의 강아지가 있습니다.

㉯ (41)하얀(　　) 눈이 푸른 (42)산(　　)을 완전히 덮어 버렸습니다.

㉰ 학생은 (43)학교(　　)에서 선생님이 가르치는 것을 (44)배웁니다(　　).

㉱ 우리 동네에는 (45)큰(　　) 은행(46)나무(　　)가 있습니다.

㉲ 막내 (47)동생(　　)이 태어난 때는 더위가 한창이던 (48)칠(　　)월의 어느 날이었습니다.

▼ 한자의 쓰는 순서 찾기

[문제 49~50] 다음 漢字(한자)의 진하게 표시한 획은 몇 번째에 쓰는지 보기에서 골라 그 번호를 쓰세요.

┤보기├
① 첫 번째   ② 두 번째
③ 세 번째   ④ 네 번째
⑤ 다섯 번째   ⑥ 여섯 번째
⑦ 일곱 번째   ⑧ 여덟 번째
⑨ 아홉 번째   ⑩ 열 번째

(49) 東 (　　　)

(50) 敎 (　　　)

모범 답안은 109쪽에 있습니다.

3회 한자능력검정시험 기출 유사 문제 8급

▼ 한자의 독음 쓰기

[문제 1~10] 다음 글을 읽고 밑줄 친 漢字(한자)의 讀音(독음:읽는 소리)을 쓰세요.

— 보기 —
音 ➡ 음

1988 (1)年 (2)大(3)韓(4)民(5)國에서 열린 제(6)二(7)十(8)四회 올림픽은 올림픽 사상 최고의 시설을 갖추었다는 칭찬을 들었습니다.

9월 17일부터 10월 2일까지 십(9)六일간에 걸쳐 서울을 비롯한 한국의 주요 도시에서 개최된 이 올림픽에서 우리나라는 12개의 ⑽金메달로 종합 순위 4위를 차지하였습니다.

(1) 年 (　　　)   (2) 大 (　　　)

(3) 韓 (　　　)   (4) 民 (　　　)

(5) 國 (　　　)   (6) 二 (　　　)

(7) 十 (　　　)   (8) 四 (　　　)

(9) 六 (　　　)   (10) 金 (　　　)

▼ 한자의 훈과 음 쓰기

[문제 11~20] 다음 漢字(한자)의 훈(訓:뜻)과 음(音:소리)을 쓰세요.

— 보기 —
天 ➡ 하늘 천

(11) 校 (　　　　　)

(12) 王 (　　　　　)

(13) 學 (　　　　　)

(14) 室 (　　　　　)

(15) 山 (　　　　　)

(16) 九 (　　　　　)

(17) 萬 (　　　　　)

(18) 白 (　　　　　)

(19) 火 (　　　　　)

(20) 南 (　　　　　)

▼ 제시된 말에 알맞은 한자 찾기

[문제 21~30] 다음 말에 알맞은 漢字(한자)를 보기에서 찾아 그 번호를 쓰세요.

— 보기 —
① 父 ② 五 ③ 木 ④ 月
⑤ 軍 ⑥ 敎 ⑦ 靑 ⑧ 日
⑨ 先 ⑩ 東

(21) 가르칠 (　　　)   (22) 동쪽 (　　　)

(23) 아버지 (　　　)   (24) 푸를 (　　　)

(25) 다섯 (　　　)   (26) 날 (　　　)

(27) 군사 (　　　)   (28) 나무 (　　　)

(29) 먼저 (　　　)   (30) 달 (　　　)

▼ 한자의 훈 찾기

[문제 31~34] 다음 漢字(한자)의 훈(訓:뜻)을 |보기|에서 찾아 그 번호를 쓰세요.

| 보기 |
| ① 여덟 ② 날 ③ 계집 ④ 문 |

(31) 女 (   )   (32) 八 (   )

(33) 日 (   )   (34) 門 (   )

▼ 한자의 음 찾기

[문제 35~38] 다음 漢字(한자)의 음(音:소리)을 |보기|에서 찾아 그 번호를 쓰세요.

| 보기 |
| ① 수 ② 북 ③ 삼 ④ 인 |

(35) 人 (   )   (36) 三 (   )

(37) 水 (   )   (38) 北 (   )

▼ 밑줄 친 말에 알맞은 한자 찾기

[문제 39~48] 다음 글을 읽고 밑줄 친 말에 해당하는 漢字(한자)를 |보기|에서 찾아 그 번호를 쓰세요.

| 보기 |
| ① 七 ② 弟 ③ 土 ④ 母 |
| ⑤ 外 ⑥ 長 ⑦ 中 ⑧ 一 |
| ⑨ 小 ⑩ 兄 |

㉮ 우리 (39)형(   )은 (40)일곱(   ) 살에 학교에 들어갔습니다.

㉯ (41)어머니(   )가 사오신 과일들 중에는 (42)작은(   ) 자두가 열 개 있었습니다.

㉰ 철수는 마당 (43)가운데(   )로 가서 (44) 흙(   )을 파고 콩을 심었습니다.

㉱ 집 (45)밖(   )에는 아직도 (46)동생(   )이 놀고 있습니다.

㉲ (47)긴(   ) 코트를 입은 (48)한(   ) 여자가 가게 안으로 들어왔습니다.

▼ 한자의 쓰는 순서 찾기

[문제 49~50] 다음 漢字(한자)의 진하게 표시한 획은 몇 번째에 쓰는지 |보기|에서 골라 그 번호를 쓰세요.

| 보기 |
| ① 첫 번째 ② 두 번째 |
| ③ 세 번째 ④ 네 번째 |
| ⑤ 다섯 번째 ⑥ 여섯 번째 |
| ⑦ 일곱 번째 ⑧ 여덟 번째 |
| ⑨ 아홉 번째 ⑩ 열 번째 |

(49) 寸 (   )

(50) 西 (   )

모범 답안은 109쪽에 있습니다.

제1회 한자능력검정시험 적중 예상 문제 8급

▶ 한자의 독음 쓰기

[문제 1~10] 다음 글을 읽고 밑줄 친 漢字(한자)의 讀音(독음:읽는 소리)을 쓰세요.

| 보기 |
| 音 ➡ 음 |

우리나라의 (1)北쪽으로는 (2)白두(3)山이 있고, (4)南쪽으로는 제주도에 한라산이 있습니다. 두 산은 모두 (5)火산이라는 공통점이 있습니다.

특히 백두산은 우리나라 모든 산의 (6)父 (7)母와 같은 산인데, (8)中(9)國에서도 (10)長백산이라고 부르며 중요한 산으로 생각하였습니다.

(1) 北 (　　　)　(2) 白 (　　　)

(3) 山 (　　　)　(4) 南 (　　　)

(5) 火 (　　　)　(6) 父 (　　　)

(7) 母 (　　　)　(8) 中 (　　　)

(9) 國 (　　　)　(10) 長 (　　　)

▶ 한자의 훈과 음 쓰기

[문제 11~20] 다음 漢字(한자)의 훈(訓:뜻)과 음(音:소리)을 쓰세요.

| 보기 |
| 天 ➡ 하늘 천 |

(11) 女 (　　　　　)

(12) 土 (　　　　　)

(13) 一 (　　　　　)

(14) 外 (　　　　　)

(15) 生 (　　　　　)

(16) 小 (　　　　　)

(17) 月 (　　　　　)

(18) 靑 (　　　　　)

(19) 七 (　　　　　)

(20) 韓 (　　　　　)

▶ 제시된 말에 알맞은 한자 찾기

[문제 21~30] 다음 말에 알맞은 漢字(한자)를 보기에서 찾아 그 번호를 쓰세요.

| 보기 |
| ① 寸　② 兄　③ 十　④ 民 |
| ⑤ 日　⑥ 萬　⑦ 西　⑧ 金 |
| ⑨ 大　⑩ 人 |

(21) 쇠　(　　　)　(22) 백성 (　　　)

(23) 사람 (　　　)　(24) 열　(　　　)

(25) 큰　(　　　)　(26) 날　(　　　)

(27) 마디 (　　　)　(28) 서쪽 (　　　)

(29) 형　(　　　)　(30) 일만 (　　　)

▼ 한자의 훈 찾기

[문제 31~34] 다음 漢字(한자)의 훈(訓:뜻)을 보기에서 찾아 그 번호를 쓰세요.

보기
① 긴   ② 가르칠   ③ 아홉   ④ 나무

(31) 木 (   )   (32) 長 (   )

(33) 九 (   )   (34) 敎 (   )

▼ 한자의 음 찾기

[문제 35~38] 다음 漢字(한자)의 음(音:소리)을 보기에서 찾아 그 번호를 쓰세요.

보기
① 선   ② 팔   ③ 삼   ④ 군

(35) 軍 (   )   (36) 三 (   )

(37) 八 (   )   (38) 先 (   )

▼ 밑줄 친 말에 알맞은 한자 찾기

[문제 39~48] 다음 글을 읽고 밑줄 친 말에 해당하는 漢字(한자)를 보기에서 찾아 그 번호를 쓰세요.

보기
① 校   ② 年   ③ 室   ④ 六
⑤ 門   ⑥ 王   ⑦ 水   ⑧ 學
⑨ 弟   ⑩ 二

㉮ 우리 (39)여섯(   ) 명은 (40)두(   ) 대의 자동차에 나누어 타고 목적지로 향했습니다.

㉯ 누나가 피아노를 (41)배운(   )지도 두 (42)해(   )가 되었습니다.

㉰ 너무나 더운 날씨에 (43)집(   ) 안의 창 (44)문(   )을 모두 열었습니다.

㉱ 오늘은 (45)동생(   )이 처음으로 (46)학교(   )에 가는 날입니다.

㉲ 강(47)물(   ) 위에는 (48)왕(   )이 탄 배가 흘러가고 있었습니다.

▼ 한자의 쓰는 순서 찾기

[문제 49~50] 다음 漢字(한자)의 진하게 표시한 획은 몇 번째에 쓰는지 보기에서 골라 그 번호를 쓰세요.

보기
① 첫 번째   ② 두 번째
③ 세 번째   ④ 네 번째
⑤ 다섯 번째   ⑥ 여섯 번째
⑦ 일곱 번째   ⑧ 여덟 번째
⑨ 아홉 번째   ⑩ 열 번째

(49)

四

(   )

(50)

五

(   )

모범 답안은 109쪽에 있습니다.

제2회 한자능력검정시험 적중 예상 문제 8급

▼ 한자의 독음 쓰기

[문제 1~10] 다음 글을 읽고 밑줄 친 漢字(한자)의 讀音(독음:읽는 소리)을 쓰세요.

> 보기
> 音 ➡ 음

지난 주 (1)土요(2)日에 (3)南(4)大(5)門 시장으로 가방을 사러 갔습니다. 하지만 (6)三 (7)十분을 넘게 돌아다녀도 마음에 드는 가방을 찾을 수 없었습니다.

그때 한 외국(8)人이 영어로 길을 물었습니다. 나는 영어를 제대로 할 줄 몰라서 아무런 도움을 줄 수 없었습니다. 그제서야 나는 (9)學(10)校에서 영어 수업 시간에 열심히 하지 않은 것이 후회되었습니다.

(1) 土 (　　　)　　(2) 日 (　　　)

(3) 南 (　　　)　　(4) 大 (　　　)

(5) 門 (　　　)　　(6) 三 (　　　)

(7) 十 (　　　)　　(8) 人 (　　　)

(9) 學 (　　　)　　(10) 校 (　　　)

▼ 한자의 훈과 음 쓰기

[문제 11~20] 다음 漢字(한자)의 훈(訓:뜻)과 음(音:소리)을 쓰세요.

> 보기
> 天 ➡ 하늘 천

(11) 國 (　　　　　)

(12) 母 (　　　　　)

(13) 先 (　　　　　)

(14) 八 (　　　　　)

(15) 敎 (　　　　　)

(16) 東 (　　　　　)

(17) 四 (　　　　　)

(18) 五 (　　　　　)

(19) 長 (　　　　　)

(20) 年 (　　　　　)

▼ 제시된 말에 알맞은 한자 찾기

[문제 21~30] 다음 말에 알맞은 漢字(한자)를 보기에서 찾아 그 번호를 쓰세요.

> 보기
> ① 小　② 二　③ 外　④ 一
> ⑤ 韓　⑥ 六　⑦ 火　⑧ 七
> ⑨ 中　⑩ 王

(21) 작다 (　　)　　(22) 임금 (　　)

(23) 하나 (　　)　　(24) 일곱 (　　)

(25) 여섯 (　　)　　(26) 바깥 (　　)

(27) 가운데 (　　)　(28) 불 (　　)

(29) 한국 (　　)　　(30) 둘 (　　)

▼ 한자의 훈 찾기

[문제 31~34] 다음 漢字(한자)의 훈(訓:뜻)을 보기에서 찾아 그 번호를 쓰세요.

| 보기 |
| ① 쇠 ② 아홉 ③ 백성 ④ 마디 |

(31) 金 (   )   (32) 民 (   )

(33) 寸 (   )   (34) 九 (   )

▼ 한자의 음 찾기

[문제 35~38] 다음 漢字(한자)의 음(音:소리)을 보기에서 찾아 그 번호를 쓰세요.

| 보기 |
| ① 만 ② 형 ③ 서 ④ 녀 |

(35) 兄 (   )   (36) 女 (   )

(37) 西 (   )   (38) 萬 (   )

▼ 밑줄 친 말에 알맞은 한자 찾기

[문제 39~48] 다음 글을 읽고 밑줄 친 말에 해당하는 漢字(한자)를 보기에서 찾아 그 번호를 쓰세요.

| 보기 |
| ① 室 ② 白 ③ 北 ④ 父 |
| ⑤ 月 ⑥ 木 ⑦ 山 ⑧ 水 |
| ⑨ 弟 ⑩ 靑 |

㉮ 해가 (39)산(   ) 너머로 사라지자 금방 어두워지면서 (40)달(   )이 떠올랐습니다.

㉯ (41)동생(   )과 함께 (42)집(   ) 안에서 공부를 했습니다.

㉰ (43)아버지(   )께서는 (44)흰(   )색을 좋아하십니다.

㉱ 어린 (45)나무(   )에는 제때 (46)물(   )을 주어야 잘 자랄 수 있습니다.

㉲ (47)북쪽(   )으로 갈수록 사계절 내내 (48)푸른(   ) 잎을 가지는 나무가 많습니다.

▼ 한자의 쓰는 순서 찾기

[문제 49~50] 다음 漢字(한자)의 진하게 표시한 획은 몇 번째에 쓰는지 보기에서 골라 그 번호를 쓰세요.

| 보기 |
| ① 첫 번째   ② 두 번째 |
| ③ 세 번째   ④ 네 번째 |
| ⑤ 다섯 번째   ⑥ 여섯 번째 |
| ⑦ 일곱 번째   ⑧ 여덟 번째 |
| ⑨ 아홉 번째   ⑩ 열 번째 |

(49)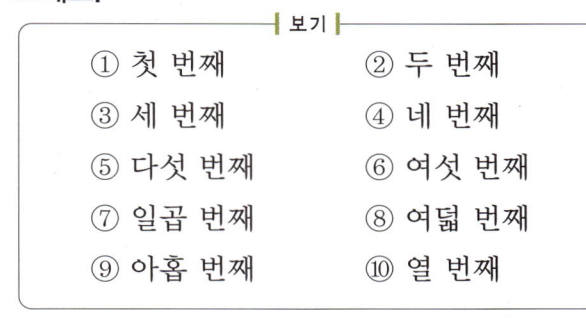
(   )

(50)
(   )

 모범 답안은 109쪽에 있습니다.

제3회 한자능력검정시험 적중 예상 문제 8급

▼ 한자의 독음 쓰기

[문제 1~10] 다음 글을 읽고 밑줄 친 漢字(한자)의 讀音(독음:읽는 소리)을 쓰세요.

보기
音 ➡ 음

지난 주 (1)金요(2)日에 열린 (3)學(4)校 체육(5)大회에서 철수는 (6)青군이고 진수는 (7)白군이었습니다.

철수와 진수는 농구 경기에서 서로 맞붙게 되었는데 전반전에는 (8)二십(9)五 대 이십삼으로 청군이 앞서 나갔지만, 후반전이 끝났을 때에는 결국 백군이 (10)四십삼 대 사십이로 이기게 되었습니다.

(1) 金 (　　　)　　(2) 日 (　　　)

(3) 學 (　　　)　　(4) 校 (　　　)

(5) 大 (　　　)　　(6) 青 (　　　)

(7) 白 (　　　)　　(8) 二 (　　　)

(9) 五 (　　　)　　(10) 四 (　　　)

▼ 한자의 훈과 음 쓰기

[문제 11~20] 다음 漢字(한자)의 훈(訓:뜻)과 음(音:소리)을 쓰세요.

보기
天 ➡ 하늘 천

(11) 日 (　　　　　)

(12) 西 (　　　　　)

(13) 兄 (　　　　　)

(14) 山 (　　　　　)

(15) 父 (　　　　　)

(16) 六 (　　　　　)

(17) 南 (　　　　　)

(18) 室 (　　　　　)

(19) 王 (　　　　　)

(20) 中 (　　　　　)

▼ 제시된 말에 알맞은 한자 찾기

[문제 21~30] 다음 말에 알맞은 漢字(한자)를 보기에서 찾아 그 번호를 쓰세요.

보기
① 土　② 女　③ 月　④ 先
⑤ 母　⑥ 教　⑦ 門　⑧ 木
⑨ 八　⑩ 國

(21) 문 (　　　)　　(22) 달 (　　　)

(23) 여덟 (　　　)　　(24) 어머니 (　　　)

(25) 나라 (　　　)　　(26) 가르칠 (　　　)

(27) 먼저 (　　　)　　(28) 흙 (　　　)

(29) 여자 (　　　)　　(30) 나무 (　　　)

▼ 한자의 훈 찾기

[문제 31~34] 다음 漢字(한자)의 훈(訓:뜻)을 보기에서 찾아 그 번호를 쓰세요.

| 보기 |
| ① 바깥 ② 북녘 ③ 동녘 ④ 군사 |

(31) 軍 (   )   (32) 東 (   )

(33) 北 (   )   (34) 外 (   )

▼ 한자의 음 찾기

[문제 35~38] 다음 漢字(한자)의 음(音:소리)을 보기에서 찾아 그 번호를 쓰세요.

| 보기 |
| ① 소 ② 촌 ③ 한 ④ 십 |

(35) 韓 (   )   (36) 寸 (   )

(37) 小 (   )   (38) 十 (   )

▼ 밑줄 친 말에 알맞은 한자 찾기

[문제 39~48] 다음 글을 읽고 밑줄 친 말에 해당하는 漢字(한자)를 보기에서 찾아 그 번호를 쓰세요.

| 보기 |
| ① 水 ② 年 ③ 生 ④ 火 |
| ⑤ 三 ⑥ 人 ⑦ 弟 ⑧ 七 |
| ⑨ 民 ⑩ 九 |

㉮ (39)아홉(   )에 (40)셋(   )을 더하면 열둘이 됩니다.

㉯ 어제는 내 (41)동생(   )이 (42)태어난 (   ) 날이었습니다.

㉰ (43)불(   )은 (44)사람(   )에게 위험한 것이 될 수도 있습니다.

㉱ 공부를 시작한지 어느덧 (45)일곱(   ) (46)해(   )가 흘렀습니다.

㉲ (47)물(   )난리를 겪으면 (48)백성(   )들의 삶은 더욱 힘들어집니다.

▼ 한자의 쓰는 순서 찾기

[문제 49~50] 다음 漢字(한자)의 진하게 표시한 획은 몇 번째에 쓰는지 보기에서 골라 그 번호를 쓰세요.

| 보기 |
| ① 첫 번째   ② 두 번째 |
| ③ 세 번째   ④ 네 번째 |
| ⑤ 다섯 번째   ⑥ 여섯 번째 |
| ⑦ 일곱 번째   ⑧ 여덟 번째 |
| ⑨ 아홉 번째   ⑩ 열 번째 |

(49)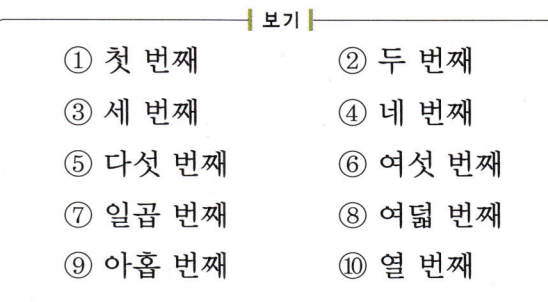
(   )

(50)
(   )

모범 답안은 109쪽에 있습니다.

한자능력검정시험 적중 예상 문제 8급

▼ 한자의 독음 쓰기

[문제 1~10] 다음 글을 읽고 밑줄 친 漢字(한자)의 讀音(독음:읽는 소리)을 쓰세요.

보기
音 ➡ 음

겨울 방(1)學이 되면 나는 (2)父(3)母님과 함께 (4)外할아버지를 찾아뵙고 인사를 드립니다.
그리고 그곳에서 외(5)三(6)寸과 외(7)四촌 (8)兄을 만날 수 있습니다. 형들과 (9)室 외에서 뛰어 놀며 (10)山과 들을 볼 생각에 벌써부터 즐겁습니다.

(1) 學 (　　　)　　(2) 父 (　　　)

(3) 母 (　　　)　　(4) 外 (　　　)

(5) 三 (　　　)　　(6) 寸 (　　　)

(7) 四 (　　　)　　(8) 兄 (　　　)

(9) 室 (　　　)　　(10) 山 (　　　)

▼ 한자의 훈과 음 쓰기

[문제 11~20] 다음 漢字(한자)의 훈(訓:뜻)과 음(音:소리)을 쓰세요.

보기
天 ➡ 하늘 천

(11) 金 (　　　　　　)

(12) 水 (　　　　　　)

(13) 萬 (　　　　　　)

(14) 十 (　　　　　　)

(15) 軍 (　　　　　　)

(16) 人 (　　　　　　)

(17) 弟 (　　　　　　)

(18) 二 (　　　　　　)

(19) 九 (　　　　　　)

(20) 日 (　　　　　　)

▼ 제시된 말에 알맞은 한자 찾기

[문제 21~30] 다음 말에 알맞은 漢字(한자)를 보기에서 찾아 그 번호를 쓰세요.

보기
① 小　② 校　③ 六　④ 白
⑤ 一　⑥ 年　⑦ 月　⑧ 青
⑨ 五　⑩ 長

(21) 해 (　　　)　　(22) 흰 (　　　)

(23) 긴 (　　　)　　(24) 푸를 (　　　)

(25) 학교 (　　　)　　(26) 다섯 (　　　)

(27) 여섯 (　　　)　　(28) 달 (　　　)

(29) 작을 (　　　)　　(30) 하나 (　　　)

▼ 한자의 훈 찾기

[문제 31~34] 다음 漢字(한자)의 훈(訓:뜻)을 |보기|에서 찾아 그 번호를 쓰세요.

| 보기 |
| ① 일곱　② 흙　③ 불　④ 계집 |

(31) 土 (　　　)　　(32) 七 (　　　)

(33) 女 (　　　)　　(34) 火 (　　　)

▼ 한자의 음 찾기

[문제 35~38] 다음 漢字(한자)의 음(音:소리)을 |보기|에서 찾아 그 번호를 쓰세요.

| 보기 |
| ① 한　② 선　③ 팔　④ 문 |

(35) 韓 (　　　)　　(36) 門 (　　　)

(37) 先 (　　　)　　(38) 八 (　　　)

▼ 밑줄 친 말에 알맞은 한자 찾기

[문제 39~48] 다음 글을 읽고 밑줄 친 말에 해당하는 漢字(한자)를 |보기|에서 찾아 그 번호를 쓰세요.

| 보기 |
| ① 西　② 王　③ 北　④ 大 |
| ⑤ 國　⑥ 民　⑦ 南　⑧ 木 |
| ⑨ 敎　⑩ 東 |

㉮ 옛날의 (39)백성(　　)들은 (40)임금(　　)을 만나기가 쉽지 않았습니다.

㉯ 우리나라의 (41)남쪽(　　)에는 한라산이 있고, (42)북쪽(　　)에는 백두산이 있습니다.

㉰ 대부분의 (43)나라(　　)에서는 미래를 위해 학생들을 (44)가르치고(　　) 있습니다.

㉱ 우리나라 땅은 (45)동쪽(　　)이 높고 (46)서쪽(　　)이 낮은 형태로 되어 있습니다.

㉲ 마을 한가운데 (47)큰(　　) 소(48)나무(　　)가 서 있었습니다.

▼ 한자의 쓰는 순서 찾기

[문제 49~50] 다음 漢字(한자)의 진하게 표시한 획은 몇 번째에 쓰는지 |보기|에서 골라 그 번호를 쓰세요.

| 보기 |
| ① 첫 번째　　② 두 번째 |
| ③ 세 번째　　④ 네 번째 |
| ⑤ 다섯 번째　⑥ 여섯 번째 |
| ⑦ 일곱 번째　⑧ 여덟 번째 |
| ⑨ 아홉 번째　⑩ 열 번째 |

(49) 月

(　　　)

(50) 中

(　　　)

모범 답안은 110쪽에 있습니다.

제5회 한자능력검정시험 적중 예상 문제 8급

▶ 한자의 독음 쓰기

[문제 1~10] 다음 글을 읽고 밑줄 친 漢字(한자)의 讀音(독음:읽는 소리)을 쓰세요.

보기
音 ➡ 음

영훈이 (1)兄(2)弟는 같은 (3)學(4)校의 (5)先배와 후배입니다.
형이 3학(6)年이 되었을 때 동생이 신입 (7)生으로 같은 학교에 입학했기 때문입니다.
사실 형과 동생은 세 살 차이였는데, 동생의 생(8)日이 (9)二(10)月이어서 동생은 같은 또래 친구들보다 일 년 먼저 학교에 들어가게 되었습니다.

(1) 兄 (   )   (2) 弟 (   )

(3) 學 (   )   (4) 校 (   )

(5) 先 (   )   (6) 年 (   )

(7) 生 (   )   (8) 日 (   )

(9) 二 (   )   (10) 月 (   )

▶ 한자의 훈과 음 쓰기

[문제 11~20] 다음 漢字(한자)의 훈(訓:뜻)과 음(音:소리)을 쓰세요.

보기
天 ➡ 하늘 천

(11) 小 (   )

(12) 青 (   )

(13) 女 (   )

(14) 門 (   )

(15) 三 (   )

(16) 寸 (   )

(17) 土 (   )

(18) 大 (   )

(19) 白 (   )

(20) 火 (   )

▶ 제시된 말에 알맞은 한자 찾기

[문제 21~30] 다음 말에 알맞은 漢字(한자)를 보기에서 찾아 그 번호를 쓰세요.

보기
① 軍 ② 父 ③ 東 ④ 九
⑤ 四 ⑥ 山 ⑦ 王 ⑧ 南
⑨ 十 ⑩ 萬

(21) 넷 (   )   (22) 동쪽 (   )

(23) 열 (   )   (24) 아홉 (   )

(25) 일만 (   )   (26) 아버지 (   )

(27) 산 (   )   (28) 군사 (   )

(29) 남쪽 (   )   (30) 임금 (   )

▼ 한자의 훈 찾기

[문제 31~34] 다음 漢字(한자)의 훈(訓:뜻)을 보기에서 찾아 그 번호를 쓰세요.

보기
① 가운데 ② 일곱 ③ 다섯 ④ 어미

(31) 五 (   )   (32) 母 (   )

(33) 中 (   )   (34) 七 (   )

▼ 한자의 음 찾기

[문제 35~38] 다음 漢字(한자)의 음(音:소리)을 보기에서 찾아 그 번호를 쓰세요.

보기
① 륙 ② 팔 ③ 교 ④ 장

(35) 八 (   )   (36) 長 (   )

(37) 敎 (   )   (38) 六 (   )

▼ 밑줄 친 말에 알맞은 한자 찾기

[문제 39~48] 다음 글을 읽고 밑줄 친 말에 해당하는 漢字(한자)를 보기에서 찾아 그 번호를 쓰세요.

보기
① 西 ② 室 ③ 國 ④ 民
⑤ 外 ⑥ 水 ⑦ 金 ⑧ 人
⑨ 北 ⑩ 木

㉮ (39) 쇠(   )로 만든 양동이에 (40) 물(   )을 가득 담았습니다.

㉯ 우리 (41) 집(   )은 대문이 (42) 북쪽(   )으로 나 있습니다.

㉰ 야구 경기장 (43) 밖(   )에는 많은 (44) 사람(   )들이 모여 있습니다.

㉱ (45) 백성(   )들이 살기 좋은 (46) 나라(   )가 좋은 나라입니다.

㉲ 이 마을의 (47) 서쪽(   )에는 아카시아 (48) 나무(   )가 많이 있습니다.

▼ 한자의 쓰는 순서 찾기

[문제 49~50] 다음 漢字(한자)의 진하게 표시한 획은 몇 번째에 쓰는지 보기에서 골라 그 번호를 쓰세요.

보기
① 첫 번째   ② 두 번째
③ 세 번째   ④ 네 번째
⑤ 다섯 번째   ⑥ 여섯 번째
⑦ 일곱 번째   ⑧ 여덟 번째
⑨ 아홉 번째   ⑩ 열 번째

(49)
(   )

(50)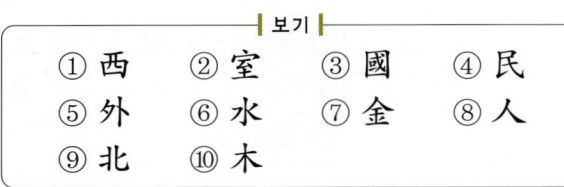
(   )

모범 답안은 110쪽에 있습니다.

제6회 한자능력검정시험 적중 예상 문제 8급

▼ 한자의 독음 쓰기

[문제 1~10] 다음 글을 읽고 밑줄 친 漢字(한자)의 讀音(독음:읽는 소리)을 쓰세요.

|보기|
音 ➡ 음

오늘 (1)先(2)生님께서는 가족과 친척 간의 (3)寸수에 대해서 가르쳐 주셨습니다.
(4)父(5)母님과 나의 촌수는 (6)一촌이고, 나와 아버지의 (7)兄(8)弟들과의 촌수는 (9)三촌이 된다고 배웠습니다.
그리고 어머니의 남자 형제는 나에게 (10)外삼촌이 된다고 하셨습니다.
이렇게 촌수를 배우고 나니 친척 간의 관계가 어떻게 되는지 조금 더 잘 알게 되어서 기뻤습니다.

(1) 先 (   )   (2) 生 (   )
(3) 寸 (   )   (4) 父 (   )
(5) 母 (   )   (6) 一 (   )
(7) 兄 (   )   (8) 弟 (   )
(9) 三 (   )   (10) 外 (   )

▼ 한자의 훈과 음 쓰기

[문제 11~20] 다음 漢字(한자)의 훈(訓:뜻)과 음(音:소리)을 쓰세요.

|보기|
天 ➡ 하늘 천

(11) 北 (   )
(12) 七 (   )
(13) 韓 (   )
(14) 民 (   )
(15) 學 (   )
(16) 木 (   )
(17) 敎 (   )
(18) 王 (   )
(19) 十 (   )
(20) 山 (   )

▼ 제시된 말에 알맞은 한자 찾기

[문제 21~30] 다음 말에 알맞은 漢字(한자)를 |보기|에서 찾아 그 번호를 쓰세요.

|보기|
① 西   ② 金   ③ 中   ④ 大
⑤ 二   ⑥ 女   ⑦ 校   ⑧ 火
⑨ 八   ⑩ 國

(21) 학교 (   )   (22) 가운데 (   )
(23) 여덟 (   )   (24) 쇠   (   )
(25) 큰   (   )   (26) 서쪽 (   )
(27) 둘   (   )   (28) 불   (   )
(29) 나라 (   )   (30) 여자 (   )

▼ 한자의 훈 찾기

[문제 31~34] 다음 漢字(한자)의 훈(訓:뜻)을 |보기|에서 찾아 그 번호를 쓰세요.

| 보기 |
| ① 넉 ② 긴 ③ 여섯 ④ 다섯 |

(31) 五 (   )　　(32) 長 (   )

(33) 四 (   )　　(34) 六 (   )

▼ 한자의 음 찾기

[문제 35~38] 다음 漢字(한자)의 음(音:소리)을 |보기|에서 찾아 그 번호를 쓰세요.

| 보기 |
| ① 토 ② 구 ③ 군 ④ 만 |

(35) 萬 (   )　　(36) 九 (   )

(37) 土 (   )　　(38) 軍 (   )

▼ 밑줄 친 말에 알맞은 한자 찾기

[문제 39~48] 다음 글을 읽고 밑줄 친 말에 해당하는 漢字(한자)를 |보기|에서 찾아 그 번호를 쓰세요.

| 보기 |
| ① 小 ② 室 ③ 人 ④ 東 |
| ⑤ 門 ⑥ 水 ⑦ 白 ⑧ 月 |
| ⑨ 日 ⑩ 年 |

㉮ (39)문(   )을 드나드는 (40)사람(   )이 날이 갈수록 많아졌습니다.

㉯ 오늘은 (41)집(   )에 손님이 많이 오시는 (42)날(   )입니다.

㉰ 오늘 밤은 (43)달(   )이 아주 (44)작게 (   ) 보였습니다.

㉱ 그 친구가 (45)동쪽(   ) 지방으로 떠난 지도 벌써 두 (46)해(   )가 지났습니다.

㉲ 한겨울에는 (47)하얀(   ) 눈이 내리고 시냇가에 (48)물(   )도 꽁꽁 얼게 됩니다.

▼ 한자의 쓰는 순서 찾기

[문제 49~50] 다음 漢字(한자)의 진하게 표시한 획은 몇 번째에 쓰는지 |보기|에서 골라 그 번호를 쓰세요.

| 보기 |
| ① 첫 번째　　② 두 번째 |
| ③ 세 번째　　④ 네 번째 |
| ⑤ 다섯 번째　⑥ 여섯 번째 |
| ⑦ 일곱 번째　⑧ 여덟 번째 |
| ⑨ 아홉 번째　⑩ 열 번째 |

(49) 南 (   )

(50) 靑 (   )

모범 답안은 110쪽에 있습니다.

제7회 한자능력검정시험 적중 예상 문제 8급

▼ 한자의 독음 쓰기

[문제 1~10] 다음 글을 읽고 밑줄 친 漢字(한자)의 讀音(독음:읽는 소리)을 쓰세요.

┤보기├
音 ➡ 음

　(1)靑색의 하늘에는 (2)白색의 구름이 떠 있습니다. 구름을 볼 때마다 나는 작(3)年 (4)五(5)月 (6)二(7)十(8)四(9)日에 집을 떠나던 때가 생각납니다. 지금은 이곳에서의 (10)生활도 많이 익숙해졌지만, 처음 이곳에 왔을 때에는 모든 것이 낯설어서 마음고생이 심하였습니다.

(1) 靑 (　　　) (2) 白 (　　　)

(3) 年 (　　　) (4) 五 (　　　)

(5) 月 (　　　) (6) 二 (　　　)

(7) 十 (　　　) (8) 四 (　　　)

(9) 日 (　　　) (10) 生 (　　　)

▼ 한자의 훈과 음 쓰기

[문제 11~20] 다음 漢字(한자)의 훈(訓:뜻)과 음(音:소리)을 쓰세요.

┤보기├
天 ➡ 하늘 천

(11) 國 (　　　　　　)

(12) 兄 (　　　　　　)

(13) 室 (　　　　　　)

(14) 東 (　　　　　　)

(15) 南 (　　　　　　)

(16) 八 (　　　　　　)

(17) 外 (　　　　　　)

(18) 父 (　　　　　　)

(19) 母 (　　　　　　)

(20) 西 (　　　　　　)

▼ 제시된 말에 알맞은 한자 찾기

[문제 21~30] 다음 말에 알맞은 漢字(한자)를 보기에서 찾아 그 번호를 쓰세요.

┤보기├
① 民　　② 七　　③ 弟　　④ 寸
⑤ 水　　⑥ 土　　⑦ 門　　⑧ 韓
⑨ 北　　⑩ 人

(21) 물　(　　　) (22) 동생 (　　　)

(23) 북쪽 (　　　) (24) 마디 (　　　)

(25) 일곱 (　　　) (26) 한국 (　　　)

(27) 백성 (　　　) (28) 문　 (　　　)

(29) 사람 (　　　) (30) 흙　 (　　　)

▼ 한자의 훈 찾기

[문제 31~34] 다음 漢字(한자)의 훈(訓:뜻)을 보기에서 찾아 그 번호를 쓰세요.

| 보기 |
| ① 여섯 ② 아홉 ③ 군사 ④ 메 |

(31) 九 (　　) 　　(32) 軍 (　　)

(33) 山 (　　) 　　(34) 六 (　　)

▼ 한자의 음 찾기

[문제 35~38] 다음 漢字(한자)의 음(音:소리)을 보기에서 찾아 그 번호를 쓰세요.

| 보기 |
| ① 소 ② 화 ③ 학 ④ 녀 |

(35) 火 (　　) 　　(36) 女 (　　)

(37) 小 (　　) 　　(38) 學 (　　)

▼ 밑줄 친 말에 알맞은 한자 찾기

[문제 39~48] 다음 글을 읽고 밑줄 친 말에 해당하는 漢字(한자)를 보기에서 찾아 그 번호를 쓰세요.

| 보기 |
| ① 三 ② 先 ③ 大 ④ 王 |
| ⑤ 中 ⑥ 木 ⑦ 一 ⑧ 萬 |
| ⑨ 教 ⑩ 長 |

㉠ 정원 (39)가운데(　　)에는 (40)큰(　　) 나무가 한 그루 있습니다.

㉡ (41)만(　　)원권 지폐에는 세종대(42)왕(　　)의 모습이 그려져 있습니다.

㉢ 신입생에게는 학교 생활에 대해 (43)먼저(　　) (44)가르치고(　　) 있습니다.

㉣ 하나에 (45)하나(　　)를 더하면 둘이 되고, 다시 하나를 더하면 (46)셋(　　)이 됩니다.

㉤ (47)긴(　　) 막대기를 가지고 (48)나무(　　) 꼭대기에 열린 밤을 따기 시작했습니다.

▼ 한자의 쓰는 순서 찾기

[문제 49~50] 다음 漢字(한자)의 진하게 표시한 획은 몇 번째에 쓰는지 보기에서 골라 그 번호를 쓰세요.

| 보기 |
| ① 첫 번째   ② 두 번째 |
| ③ 세 번째   ④ 네 번째 |
| ⑤ 다섯 번째 ⑥ 여섯 번째 |
| ⑦ 일곱 번째 ⑧ 여덟 번째 |
| ⑨ 아홉 번째 ⑩ 열 번째 |

(49) 校 (　　)

(50) 金 (　　)

모범 답안은 110쪽에 있습니다.

제8회 한자능력검정시험 적중 예상 문제 8급

▶ 한자의 독음 쓰기

[문제 1~10] 다음 글을 읽고 밑줄 친 漢字(한자)의 讀音(독음:읽는 소리)을 쓰세요.

보기
音 ➡ 음

이번 (1)校내 그림 그리기 (2)大회에서 민수는 (3)東해의 (4)日출을 멋있게 그려서 (5)金상을 받았습니다.
민수는 조회 시간에 앞으로 나가 교(6)長 (7)先(8)生님께 상을 받았고, (9)敎(10)室에서는 담임 선생님의 칭찬을 들었습니다.

(1) 校 (   )   (2) 大 (   )

(3) 東 (   )   (4) 日 (   )

(5) 金 (   )   (6) 長 (   )

(7) 先 (   )   (8) 生 (   )

(9) 敎 (   )   (10) 室 (   )

▶ 한자의 훈과 음 쓰기

[문제 11~20] 다음 漢字(한자)의 훈(訓:뜻)과 음(音:소리)을 쓰세요.

보기
天 ➡ 하늘 천

(11) 年 (   )

(12) 白 (   )

(13) 母 (   )

(14) 外 (   )

(15) 學 (   )

(16) 兄 (   )

(17) 木 (   )

(18) 六 (   )

(19) 一 (   )

(20) 靑 (   )

▶ 제시된 말에 알맞은 한자 찾기

[문제 21~30] 다음 말에 알맞은 漢字(한자)를 보기에서 찾아 그 번호를 쓰세요.

보기
① 南   ② 西   ③ 軍   ④ 三
⑤ 火   ⑥ 二   ⑦ 國   ⑧ 父
⑨ 中   ⑩ 女

(21) 나라 (   )   (22) 군사 (   )

(23) 아버지 (   )   (24) 셋 (   )

(25) 서쪽 (   )   (26) 둘 (   )

(27) 가운데 (   )   (28) 남쪽 (   )

(29) 여자 (   )   (30) 불 (   )

▼ 한자의 훈 찾기

[문제 31~34] 다음 漢字(한자)의 훈(訓:뜻)을 |보기|에서 찾아 그 번호를 쓰세요.

| 보기 |
| ① 마디 ② 사람 ③ 아우 ④ 일곱 |

(31) 七 (   )   (32) 人 (   )

(33) 弟 (   )   (34) 寸 (   )

▼ 한자의 음 찾기

[문제 35~38] 다음 漢字(한자)의 음(音:소리)을 |보기|에서 찾아 그 번호를 쓰세요.

| 보기 |
| ① 왕 ② 북 ③ 토 ④ 한 |

(35) 王 (   )   (36) 土 (   )

(37) 北 (   )   (38) 韓 (   )

▼ 밑줄 친 말에 알맞은 한자 찾기

[문제 39~48] 다음 글을 읽고 밑줄 친 말에 해당하는 漢字(한자)를 |보기|에서 찾아 그 번호를 쓰세요.

| 보기 |
| ① 十 ② 水 ③ 山 ④ 萬 |
| ⑤ 八 ⑥ 小 ⑦ 五 ⑧ 月 |
| ⑨ 四 ⑩ 九 |

㉮ 금강 (39)산(   )의 봉우리는 (40)일만 (   ) 이천 개나 된다고 합니다.

㉯ 이번 (41)달(   )은 일요일이 (42)네 (   ) 번 있습니다.

㉰ 그 시험은 (43)열(   ) 명이 도전하면 (44)여덟(   ) 명이 떨어질 정도로 어렵습니다.

㉱ (45)아홉(   ) 척의 배가 강(46)물(   )을 거슬러 올라갔습니다.

㉲ 산 너머 (47)작은(   ) 마을에는 겨우 (48)다섯(   ) 집만 있습니다.

▼ 한자의 쓰는 순서 찾기

[문제 49~50] 다음 漢字(한자)의 진하게 표시한 획은 몇 번째에 쓰는지 |보기|에서 골라 그 번호를 쓰세요.

| 보기 |
| ① 첫 번째 ② 두 번째 |
| ③ 세 번째 ④ 네 번째 |
| ⑤ 다섯 번째 ⑥ 여섯 번째 |
| ⑦ 일곱 번째 ⑧ 여덟 번째 |
| ⑨ 아홉 번째 ⑩ 열 번째 |

(49) 門 (   )

(50) 民 (   )

모범 답안은 110쪽에 있습니다.

제9회 한자능력검정시험 적중 예상 문제 8급

▼ 한자의 독음 쓰기

[문제 1~10] 다음 글을 읽고 밑줄 친 漢字(한자)의 讀音(독음:읽는 소리)을 쓰세요.

> 보기
> 音 ➡ 음

옛 한양은 (1)北쪽으로 북악산을, (2)南쪽으로는 남산을, (3)東쪽으로는 낙산을, (4)西쪽으로는 인왕산을 두고 도읍지로 정해졌습니다.

즉 (5)四면이 산으로 둘러싸인 형태로 되어 있는 것입니다. 이것은 (6)人간과 (7)山 (8)水의 조화가 어떻게 되어 있는지를 살펴서 도읍지를 정한 것입니다.

우리나라는 (9)國(10)土의 많은 부분이 산으로 이루어져 있기 때문에 산에 대한 생각이 많이 반영되었다고 볼 수 있습니다.

(1) 北 (   )   (2) 南 (   )

(3) 東 (   )   (4) 西 (   )

(5) 四 (   )   (6) 人 (   )

(7) 山 (   )   (8) 水 (   )

(9) 國 (   )   (10) 土 (   )

▼ 한자의 훈과 음 쓰기

[문제 11~20] 다음 漢字(한자)의 훈(訓:뜻)과 음(音:소리)을 쓰세요.

> 보기
> 天 ➡ 하늘 천

(11) 日 (   )

(12) 生 (   )

(13) 軍 (   )

(14) 九 (   )

(15) 火 (   )

(16) 長 (   )

(17) 女 (   )

(18) 萬 (   )

(19) 校 (   )

(20) 民 (   )

▼ 제시된 말에 알맞은 한자 찾기

[문제 21~30] 다음 말에 알맞은 漢字(한자)를 보기에서 찾아 그 번호를 쓰세요.

> 보기
> ① 月 ② 室 ③ 大 ④ 母
> ⑤ 兄 ⑥ 金 ⑦ 靑 ⑧ 年
> ⑨ 六 ⑩ 一

(21) 집   (   )   (22) 하나 (   )

(23) 어머니 (   )   (24) 해   (   )

(25) 달   (   )   (26) 쇠   (   )

(27) 큰   (   )   (28) 여섯 (   )

(29) 푸를 (   )   (30) 형   (   )

▼ 한자의 훈 찾기

[문제 31~34] 다음 漢字(한자)의 훈(訓:뜻)을 보기에서 찾아 그 번호를 쓰세요.

| 보기 |
| ① 아비 ② 가운데 ③ 일곱 ④ 한국 |

(31) 父 (　　　)　　(32) 韓 (　　　)

(33) 中 (　　　)　　(34) 七 (　　　)

▼ 한자의 음 찾기

[문제 35~38] 다음 漢字(한자)의 음(音:소리)을 보기에서 찾아 그 번호를 쓰세요.

| 보기 |
| ① 팔 ② 촌 ③ 제 ④ 십 |

(35) 弟 (　　　)　　(36) 寸 (　　　)

(37) 八 (　　　)　　(38) 十 (　　　)

▼ 밑줄 친 말에 알맞은 한자 찾기

[문제 39~48] 다음 글을 읽고 밑줄 친 말에 해당하는 漢字(한자)를 보기에서 찾아 그 번호를 쓰세요.

| 보기 |
| ① 二 ② 木 ③ 門 ④ 敎 |
| ⑤ 小 ⑥ 外 ⑦ 五 ⑧ 三 |
| ⑨ 學 ⑩ 白 |

 (39) 세(　　) 마리의 강아지 중 (40) 두 (　　) 마리는 털이 하얗습니다.

㉡ 고향 집에는 (41) 다섯(　　) 그루의 사과 (42) 나무(　　)가 있습니다.

㉢ (43) 작고(　　) 귀여운 아기가 (44) 하얀 (　　) 나비를 보고 아장아장 걸어갑니다.

㉣ 아버지께서는 (45) 문(　　) (46) 밖(　　) 으로 급히 뛰어 나가셨습니다.

㉤ 많이 (47) 배운(　　) 사람이 많은 것을 (48) 가르쳐(　　) 줄 수 있습니다.

▼ 한자의 쓰는 순서 찾기

[문제 49~50] 다음 漢字(한자)의 진하게 표시한 획은 몇 번째에 쓰는지 보기에서 골라 그 번호를 쓰세요.

| 보기 |
| ① 첫 번째 ② 두 번째 |
| ③ 세 번째 ④ 네 번째 |
| ⑤ 다섯 번째 ⑥ 여섯 번째 |
| ⑦ 일곱 번째 ⑧ 여덟 번째 |
| ⑨ 아홉 번째 ⑩ 열 번째 |

(49) 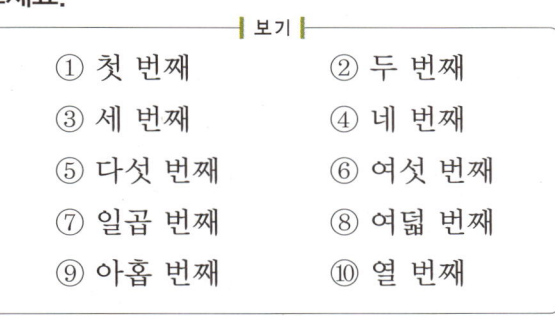 (　　　)

(50)  (　　　)

 모범 답안은 110쪽에 있습니다.

'학교'와 관계있는 한자

동화로 쏙쏙　14~15쪽

1 교　2 학　3 교　4 생　5 실　6 선

게임으로 쏙쏙

16쪽

17쪽

100점 만점에 100점

18~19쪽

1 (1) ④　(2) ③　　2 (1) ②　(2) ④　(3) ①　(4) ③
3 (1) 20　(2) 11　　4 (1) ④　(2) ①　(3) ③
5 (1) 生　(2) 室　(3) 學　　6 (1) 生　(2) 學

'방위·숫자'와 관계있는 한자

게임으로 쏙쏙

27쪽

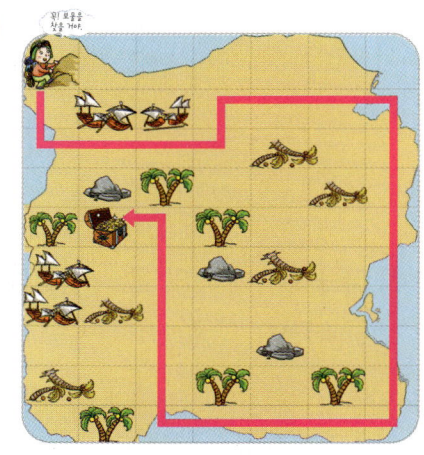

동화로 쏙쏙　28~29쪽

1 이　2 일　3 오　4 륙　5 십　6 만　7 동
8 서　9 남　10 북　11 팔　12 사　13 칠　14 구

100점 만점에 100점

30~31쪽

1 (1) ④　(2) ①　　2 (1) ②　(2) ③　(3) ④　(4) ①
3 (1) 이만　(2) 팔, 십오　　4 (1) ④　(2) ③　(3) ①
5 (1) ②　(2) ①　(3) ④　　6 (1) 2　(2) 13　(3) 4　(4) 8

'가족'과 관계있는 한자

동화로 쏙쏙   36~37쪽

1 부   **2** 모   **3** 장   **4** 촌   **5** 형   **6** 제   **7** 녀   **8** 삼

게임으로 쏙쏙

38쪽

39쪽
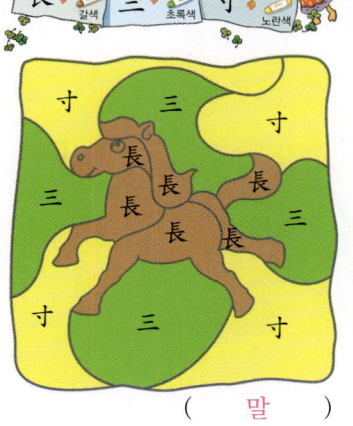
(말)

100점 만점에 100점   40~41쪽

1 (1) ② (2) ④   **2** (1) × (2) ○ (3) ○
3 東, 長   **4** (1) ② (2) ④ (3) ①
5 (1) ② (2) ① (3) ③   **6** (1) 8 (2) 5

'색·요일'과 관계있는 한자

동화로 쏙쏙   46~47쪽

1 백   **2** 월   **3** 화   **4** 수   **5** 목   **6** 금   **7** 청   **8** 토

게임으로 쏙쏙

48쪽

49쪽

100점 만점에 100점   50~51쪽

1 (1) ③ (2) ②   **2** 月-火-水-木-金-土
3 水   **4** (1) ① (2) ④ (3) ②
5 月, 水, 金   **6** 金

모범 답안

'나라·크기'와 관계있는 한자

동화로 쏙쏙   56~57쪽

1 국 2 한 3 중 4 대 5 소 6 일

게임으로 쏙쏙

58쪽

59쪽
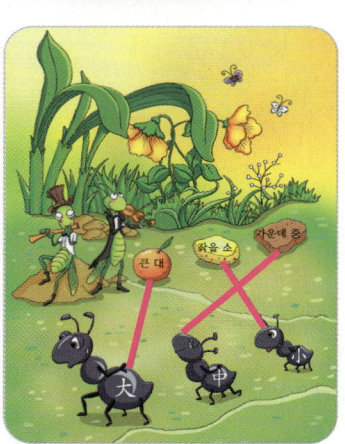

'사람'과 관계있는 한자

동화로 쏙쏙   66~67쪽

1 군 2 인 3 왕 4 민 5 문 6 년 7 외 8 산

게임으로 쏙쏙

68쪽

69쪽

(문 문)

100점 만점에 100점   60~61쪽

1 (1) ④ (2) ① (3) ③   2 (1) ④ (2) ① (3) ② (4) ③
3 小   4 (1) ③ (2) ② (3) ① (4) ④
5 (1) 군 (2) 대 (3) 소 (4) 인   6 (1) 중국 (2) 대국
7 大韓民國

100점 만점에 100점   70~71쪽

1 (1) ③ (2) ② (3) ④ (4) ①   2 (1) ③ (2) ④ (3) ② (4) ①
3 年   4 (1) ④ (2) ② (3) ①
5 (1) 門 (2) 民 (3) 外   6 外國

기출 유사 문제

1회
82~83쪽

(1) 형 (2) 부 (3) 모 (4) 삼 (5) 촌 (6) 문 (7) 산
(8) 서 (9) 학 (10) 교 (11) 임금 왕 (12) 흙 토
(13) 다섯 오 (14) 쇠 금, 성 김 (15) 백성 민 (16) 군사 군
(17) 큰 대 (18) 문 문 (19) 가운데 중 (20) 아우 제
(21) ③ (22) ⑤ (23) ⑥ (24) ① (25) ⑨ (26) ④
(27) ⑦ (28) ⑧ (29) ⑩ (30) ② (31) ④ (32) ①
(33) ② (34) ③ (35) ④ (36) ① (37) ② (38) ③
(39) ⑥ (40) ⑦ (41) ① (42) ⑧ (43) ⑨ (44) ④
(45) ② (46) ⑤ (47) ⑩ (48) ③ (49) ② (50) ④

2회
84~85쪽

(1) 선 (2) 생 (3) 청 (4) 년 (5) 오 (6) 월 (7) 일
(8) 일 (9) 부 (10) 모 (11) 마디 촌 (12) 열 십
(13) 북녘 북 (14) 바깥 외 (15) 형 형 (16) 여섯 륙
(17) 석 삼 (18) 사람 인 (19) 서녘 서 (20) 문 문
(21) ⑦ (22) ③ (23) ⑨ (24) ① (25) ④ (26) ⑩
(27) ⑤ (28) ⑧ (29) ② (30) ⑥ (31) ② (32) ③
(33) ④ (34) ① (35) ④ (36) ① (37) ③ (38) ②
(39) ④ (40) ⑨ (41) ⑧ (42) ② (43) ⑩ (44) ①
(45) ⑦ (46) ⑤ (47) ⑥ (48) ⑨ (49) ⑥ (50) ③

3회
86~87쪽

(1) 년 (2) 대 (3) 한 (4) 민 (5) 국 (6) 이 (7) 십
(8) 사 (9) 육 (10) 금 (11) 학교 교 (12) 임금 왕
(13) 배울 학 (14) 집 실 (15) 메 산 (16) 아홉 구
(17) 일만 만 (18) 흰 백 (19) 불 화 (20) 남녘 남
(21) ⑥ (22) ⑩ (23) ① (24) ⑦ (25) ② (26) ⑧
(27) ⑤ (28) ③ (29) ⑨ (30) ⑤ (31) ③ (32) ①
(33) ② (34) ④ (35) ④ (36) ③ (37) ① (38) ②
(39) ⑩ (40) ① (41) ④ (42) ⑨ (43) ⑦ (44) ③
(45) ⑤ (46) ② (47) ⑥ (48) ⑧ (49) ① (50) ②

적중 예상 문제

제1회
88~89쪽

(1) 북 (2) 백 (3) 산 (4) 남 (5) 화 (6) 부 (7) 모
(8) 중 (9) 국 (10) 장 (11) 계집 녀 (12) 흙 토
(13) 한 일 (14) 바깥 외 (15) 날 생 (16) 작을 소
(17) 달 월 (18) 푸를 청 (19) 일곱 칠 (20) 한국 / 나라 한
(21) ⑧ (22) ④ (23) ⑩ (24) ③ (25) ⑨ (26) ⑤
(27) ① (28) ⑦ (29) ② (30) ⑥ (31) ③ (32) ①
(33) ③ (34) ② (35) ④ (36) ③ (37) ② (38) ①
(39) ④ (40) ⑩ (41) ⑧ (42) ② (43) ③ (44) ⑤
(45) ⑨ (46) ① (47) ⑦ (48) ⑥ (49) ⑤ (50) ②

제2회
90~91쪽

(1) 토 (2) 일 (3) 남 (4) 대 (5) 문 (6) 삼 (7) 십
(8) 인 (9) 학 (10) 교 (11) 나라 국 (12) 어미 모
(13) 먼저 선 (14) 여덟 팔 (15) 가르칠 교 (16) 동녘 동
(17) 넉 사 (18) 다섯 오 (19) 긴 장 (20) 해 년
(21) ① (22) ⑩ (23) ④ (24) ⑧ (25) ⑥ (26) ③
(27) ⑨ (28) ⑦ (29) ⑤ (30) ② (31) ① (32) ③
(33) ④ (34) ② (35) ④ (36) ① (37) ③ (38) ①
(39) ⑦ (40) ⑤ (41) ⑨ (42) ① (43) ④ (44) ②
(45) ⑥ (46) ⑧ (47) ③ (48) ⑩ (49) ⑧ (50) ⑤

제3회
92~93쪽

(1) 금 (2) 일 (3) 학 (4) 교 (5) 대 (6) 청 (7) 백
(8) 이 (9) 오 (10) 사 (11) 날 일 (12) 서녘 서
(13) 형 형 (14) 메 산 (15) 아비 부 (16) 여섯 륙
(17) 남녘 남 (18) 집 실 (19) 임금 왕 (20) 가운데 중
(21) ⑦ (22) ② (23) ⑨ (24) ⑤ (25) ⑩ (26) ⑥
(27) ④ (28) ① (29) ③ (30) ⑧ (31) ④ (32) ③
(33) ② (34) ① (35) ③ (36) ② (37) ① (38) ④

(39)⑩ (40)⑤ (41)⑦ (42)③ (43)④ (44)⑥
(45)⑧ (46)② (47)① (48)⑨ (49)⑤ (50)②

(21)⑦ (22)③ (23)⑨ (24)② (25)④ (26)①
(27)⑤ (28)⑧ (29)⑩ (30)⑥ (31)④ (32)②
(33)① (34)③ (35)④ (36)② (37)① (38)③
(39)⑤ (40)③ (41)② (42)⑦ (43)⑧ (44)①
(45)④ (46)⑩ (47)⑦ (48)⑥ (49)① (50)③

제4회 94~95쪽

(1)학 (2)부 (3)모 (4)외 (5)삼 (6)촌 (7)사
(8)형 (9)실 (10)산 (11)쇠 금, 성 김 (12)물 수
(13)일만 만 (14)열 십 (15)군사 군 (16)사람 인
(17)아우 제 (18)두 이 (19)아홉 구 (20)날 일
(21)⑥ (22)④ (23)⑩ (24)⑧ (25)② (26)⑨
(27)③ (28)⑦ (29)① (30)⑤ (31)② (32)①
(33)④ (34)③ (35)① (36)④ (37)② (38)③
(39)⑥ (40)② (41)⑦ (42)③ (43)⑤ (44)⑨
(45)⑩ (46)① (47)④ (48)⑧ (49)③ (50)④

제7회 100~101쪽

(1)청 (2)백 (3)년 (4)오 (5)월 (6)이 (7)십
(8)사 (9)일 (10)생 (11)나라 국 (12)형 형
(13)집 실 (14)동녘 동 (15)남녘 남 (16)여덟 팔
(17)바깥 외 (18)아비 부 (19)어미 모 (20)서녘 서
(21)⑤ (22)③ (23)⑨ (24)④ (25)② (26)⑧
(27)① (28)⑦ (29)⑩ (30)⑥ (31)② (32)③
(33)① (34)⑤ (35)② (36)④ (37)① (38)③
(39)⑤ (40)③ (41)⑧ (42)② (43)② (44)⑨
(45)⑦ (46)① (47)⑩ (48)⑤ (49)⑥ (50)④

제5회 96~97쪽

(1)형 (2)제 (3)학 (4)교 (5)선 (6)년 (7)생
(8)일 (9)이 (10)월 (11)작을 소 (12)푸를 청
(13)계집 녀 (14)문 문 (15)석 삼 (16)마디 촌
(17)흙 토 (18)큰 대 (19)흰 백 (20)불 화
(21)⑤ (22)③ (23)⑨ (24)④ (25)⑩ (26)②
(27)⑥ (28)① (29)⑧ (30)⑦ (31)③ (32)④
(33)① (34)② (35)② (36)③ (37)③ (38)①
(39)⑦ (40)⑤ (41)② (42)⑨ (43)⑤ (44)⑧
(45)④ (46)③ (47)① (48)⑩ (49)③ (50)⑦

제8회 102~103쪽

(1)교 (2)대 (3)동 (4)일 (5)금 (6)장 (7)선
(8)생 (9)교 (10)실 (11)해 년 (12)흰 백
(13)어미 모 (14)바깥 외 (15)배울 학 (16)형 형
(17)나무 목 (18)여섯 륙 (19)한 일 (20)푸를 청
(21)⑦ (22)③ (23)⑧ (24)④ (25)② (26)⑥
(27)⑨ (28)① (29)⑩ (30)⑤ (31)③ (32)②
(33)④ (34)① (35)① (36)③ (37)② (38)④
(39)③ (40)④ (41)⑧ (42)⑨ (43)① (44)⑤
(45)⑩ (46)② (47)⑥ (48)⑦ (49)⑧ (50)④

제6회 98~99쪽

(1)선 (2)생 (3)촌 (4)부 (5)모 (6)일 (7)형
(8)제 (9)삼 (10)외 (11)북녘 북 (12)일곱 칠
(13)한국/나라 한 (14)백성 민 (15)배울 학 (16)나무 목
(17)가르칠 교 (18)임금 왕 (19)열 십 (20)메 산

제9회 104~105쪽

(1)북 (2)남 (3)동 (4)서 (5)사 (6)인 (7)산
(8)수 (9)국 (10)토 (11)날 일 (12)날 생

(13)군사 군 (14)아홉 구 (15)불 화 (16)긴 장
(17)계집 녀 (18)일만 만 (19)학교 교 (20)백성 민
(21)② (22)⑩ (23)④ (24)⑧ (25)① (26)⑥
(27)③ (28)⑨ (29)⑦ (30)⑤ (31)① (32)④
(33)② (34)③ (35)③ (36)② (37)① (38)④
(39)⑧ (40)① (41)⑦ (42)② (43)⑤ (44)⑩
(45)③ (46)⑥ (47)⑨ (48)④ (49)② (50)③

漢字能力檢定試驗 8級 豫想問題

● 제1회

[1]형 [2]제 [3]구 [4]월 [5]학 [6]교
[7]선 [8]생 [9]부 [10]모 [11]② [12]⑤
[13]③ [14]④ [15]① [16]⑨ [17]⑥ [18]⑧
[19]⑩ [20]⑦ [21]⑩ [22]⑥ [23]⑦ [24]①
[25]⑨ [26]② [27]⑧ [28]④ [29]③ [30]⑤
[31]남녘 남 [32]한국 / 나라 한 [33]일곱 칠
[34]동녘 동 [35]나라 국 [36]열 십 [37]일만 만
[38]쇠 금, 성 김 [39]가르칠 교 [40]여덟 팔 [41]⑧
[42]② [43]④ [44]⑦ [45]③ [46]⑥ [47]⑤
[48]① [49]⑥ [50]③

● 제2회

[1]외 [2]삼 [3]촌 [4]오 [5]십 [6]한
[7]국 [8]동 [9]서 [10]남 [11]⑦ [12]①
[13]④ [14]⑧ [15]③ [16]⑥ [17]② [18]⑨
[19]⑩ [20]⑤ [21]⑧ [22]⑩ [23]③ [24]②
[25]⑤ [26]⑨ [27]⑥ [28]① [29]⑦ [30]④
[31]가르칠 교 [32]학교 교 [33]긴 장 [34]아우 제
[35]배울 학 [36]쇠 금, 성 김 [37]아비 부
[38]큰 대 [39]군사 군 [40]북녘 북 [41]⑧
[42]⑤ [43]③ [44]① [45]④ [46]⑦ [47]⑥
[48]② [49]⑧ [50]③

모범 답안 **111**

8급 배정 한자 색인

ㄱ
校(교) 10
敎(교) 11
九(구) 25
國(국) 52
軍(군) 62
金(금) 45

ㄴ
南(남) 21
女(녀) 35
年(년) 65

ㄷ
大(대) 54
東(동) 20

ㄹ
六(륙) 24

ㅁ
萬(만) 26
母(모) 32
木(목) 44
門(문) 64
民(민) 63

ㅂ
白(백) 42
父(부) 32
北(북) 21

ㅅ
四(사) 23
山(산) 65
三(삼) 34
生(생) 12
西(서) 20
先(선) 12

小(소) 54
水(수) 44
室(실) 11
十(십) 26

ㅇ
五(오) 23
王(왕) 63
外(외) 64
月(월) 43
二(이) 22
人(인) 62
一(일) 22
日(일) 53

ㅈ
長(장) 35
弟(제) 33
中(중) 53

ㅊ
靑(청) 42
寸(촌) 34
七(칠) 24

ㅌ
土(토) 45

ㅍ
八(팔) 25

ㅎ
學(학) 10
韓(한) 52
兄(형) 33
火(화) 43

즐거운 노래와 신나는 게임으로 함께 공부하면~!
배정 한자가 내 머리에 쏙쏙~!

Step 1 배정 한자를 주제별로 분류하여 노래를 만들었어요.

Step 2 해당 주제를 선택하세요.

Step 3 책에 제시된 한자들을 보면서 음악에 맞춰 따라 불러 보세요.

Step 4 반복해서 여러 번 따라 부르면 더욱 잘 외워진답니다.

한자 게임

1. 배정 한자를 활용하여 게임으로 만들었어요.
2. 해당 한자를 선택하여 게임 방법에 따라 익혀 보세요.
3. 책과 함께 공부하면 더욱 잘 외워진답니다.

NEW 자격증 한번에 따기

(사)한국어문회 주관
한국한자능력검정회 시행

한자능력검정시험

천재 NEW **자격증**
한번에 따기

8급 (50字)

별책 부록
한자 쓰기 연습장

천재교육

한자의 필순

한자를 쓰는 데는 일반적인 규칙이 있어요.
붓을 한 번 움직여 쓸 수 있는 부분을 한 획이라고 하며,
획은 형태에 따라 점과 선으로, 선은 다시 직선과 곡선으로 구별해요.
필순 또는 획순이란 결국 이 점과 선을 쓰는 순서를 말해요.

필순의 일반적인 원칙은 다음과 같아요.

① **위에서 아래로 써요.**
　예) 一 二 三 (석 삼)

② **왼쪽에서 오른쪽으로 써요.**
　예) 丿 丿丨 川 (내 천)

③ **가로획과 세로획이 만날 때에는 가로획을 먼저 써요.**
　예) 一 十 十 古 古 (예 고)

④ **좌우 대칭일 때에는 가운데 획을 먼저 써요.**
　예) 亅 小 小 (작을 소)

⑤ **몸을 먼저 써요.**
　예) 丨 冂 冂 冂 冋 囙 民 國 國 國 (나라 국)

⑥ **글자 전체를 꿰뚫는 획은 나중에 써요.**
　예) 丶 口 口 中 (가운데 중)

⑦ **삐침(丿)과 파임(乀)이 만날 때에는 삐침을 먼저 써요.**
　예) 丿 八 父 父 (아비 부)

⑧ **오른쪽 위의 점은 맨 나중에 찍어요.**
　예) 一 ナ 大 犬 (개 견)

⑨ **받침은 맨 나중에 써요.**
　예) 丿 厂 斤 斤 斤 沂 沂 近 (가까울 근)

校	敎	九	國	軍	金	南	女	年	大
東	六	萬	母	木	門	民	白	父	北
四	山	三	生	西	先	小	水	室	十
五	王	外	月	二	人	一	日	長	弟
中	靑	寸	七	土	八	學	韓	兄	火

한자 쓰기 연습표

학교	아홉 구	나라 국	군사 군	쇠 금, 성 김	남녘 남	계집 녀	해 년	큰 대
동녘 동	여섯 륙	일만 만	어미 모	나무 목	문 문	백성 민	흰 백	아비 부	북녘 북
넉 사	메 산	석 삼	날 생	서녘 서	먼저 선	작을 소	물 수	집 실
다섯 오	임금 왕	바깥 외	달 월	두 이	사람 인	한 일	날 일	긴 장	아우 제
가운데 중	푸를 청	마디 촌	일곱 칠	흙 토	여덟 팔	배울 학	한국/나라 한	형 형	불 화

NEW 자격증 한번에 따기

한자능력검정시험

8급 (50字)

별책 부록
한자 쓰기 연습장

'학교'와 관계있는 한자

01 學 배울 학
` ̄ ⌒ ʄ ʄ ʄ ʄ 臼 臼 臼 與 與 學`
子부, 총 16획

學	校			學	生		
배울 학	학교 교	학	교	배울 학	날 생	학	생

02 校 학교 교
`一 十 才 木 木 术 ʄ 朽 枋 校`
木부, 총 10획

校	長			母	校		
학교 교	긴 장	교	장	어미 모	학교 교	모	교

02 8급 한자 쓰기 연습장

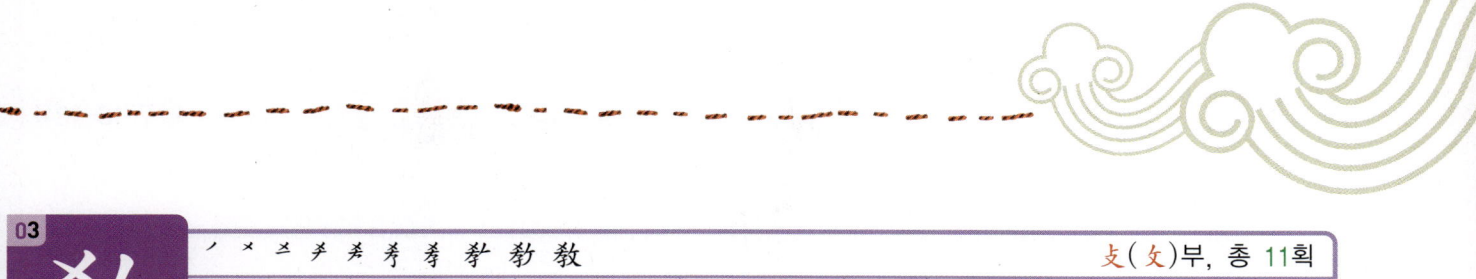

03 教 (가르칠 교)

ノ ㄨ ㅈ ㅊ ㅊ 卺 卺 孝 孝 教 教

攴(攵)부, 총 11획

教 教

教	室			教	人		
가르칠교	집실	교	실	가르칠교	사람인	교	인

04 室 (집 실)

丶 宀 宀 宀 宁 宮 宮 室 室

宀부, 총 9획

室 室

室	外			室	長		
집실	바깥외	실	외	집실	긴장	실	장

'학교'와 관계있는 한자 03

'학교'와 관계있는 한자

| 본문 10~12쪽 |

05 先 (먼저 선)

` ノ 丿 土 뇨 牛 先 `　　　儿부, 총 6획

先 先

先生				先山			
먼저 선	날 생	선	생	먼저 선	메 산	선	산

06 生 (날 생)

` ノ 一 느 牛 生 `　　　生부, 총 5획

生 生

生水				生日			
날 생	물 수	생	수	날 생	날 일	생	일

'방위·숫자'와 관계있는 한자

07 東 동녘 동
一 厂 丂 百 百 車 東 東
木부, 총 8획

東	西			東	門		
동녘 동	서녘 서	동	서	동녘 동	문 문	동	문

08 西 서녘 서
一 丆 丙 丙 西 西
西(襾)부, 총 6획

西	軍			西	山		
서녘 서	군사 군	서	군	서녘 서	메 산	서	산

'방위·숫자'와 관계있는 한자

'방위·숫자'와 관계있는 한자

09 南 (남녘 남) — 一 十 十 內 內 丙 丙 南 南 — 十부, 총 9획

南	北			南	山		
남녘 남	북녘 북	남	북	남녘 남	메 산	남	산

10 北 (북녘 북) — ㅣ ㅓ ㅓ 北 北 — 匕부, 총 5획

北	門			北	韓		
북녘 북	문 문	북	문	북녘 북	한국 한	북	한

11 一 한일	一					一부, 총 1획
	一	一				
	一人			一日		
	한일	사람인	일 인	한일	날일	일 일

12 二 두이	一 二					二부, 총 2획
	二	二				
	二年			二月		
	두이	해년	이 년	두이	달월	이 월

'방위·숫자'와 관계있는 한자 07

'방위·숫자'와 관계있는 한자

13 四 ㅣ 冂 四 四 四　　　　　口부, 총 5획

넉 사

四 四

四	五			四	月		
넉 사	다섯 오	사	오	넉 사	달 월	사	월

14 五 一 丅 五 五　　　　　二부, 총 4획

다섯 오

五 五

五	六			五	十		
다섯 오	여섯 륙	오	륙	다섯 오	열 십	오	십

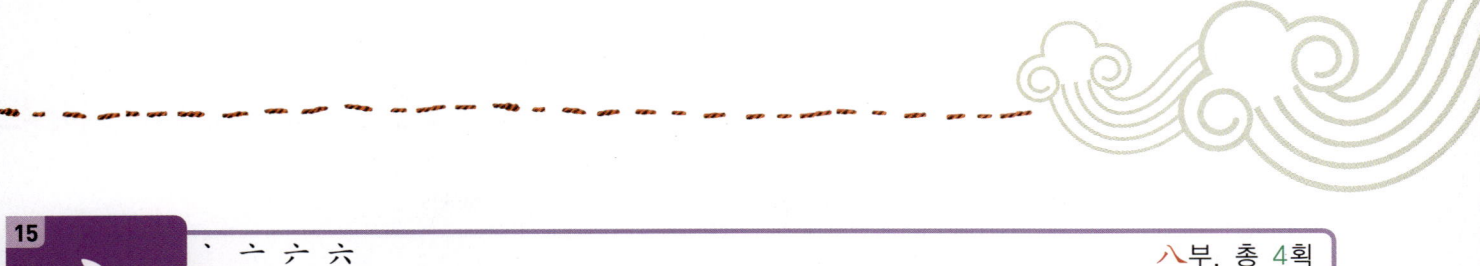

15 六 여섯 륙
` 一 六 六   八부, 총 4획

六 月 여섯륙 달월 유 월

六 人 여섯륙 사람인 육 인

16 七 일곱 칠
一 七   一부, 총 2획

七 年 일곱칠 해년 칠 년

七 夕 일곱칠 저녁석 칠 석

'방위·숫자'와 관계있는 한자 09

'방위·숫자'와 관계있는 한자

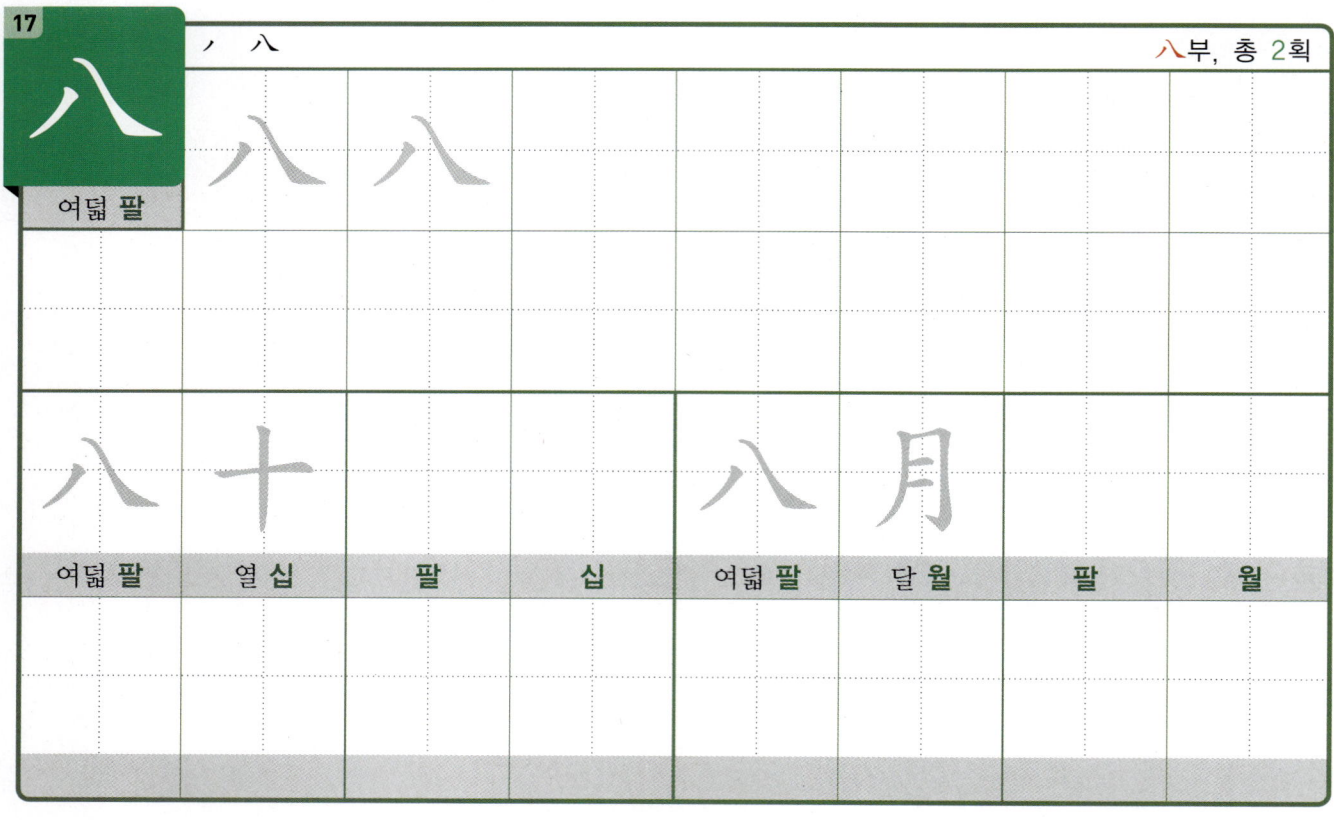

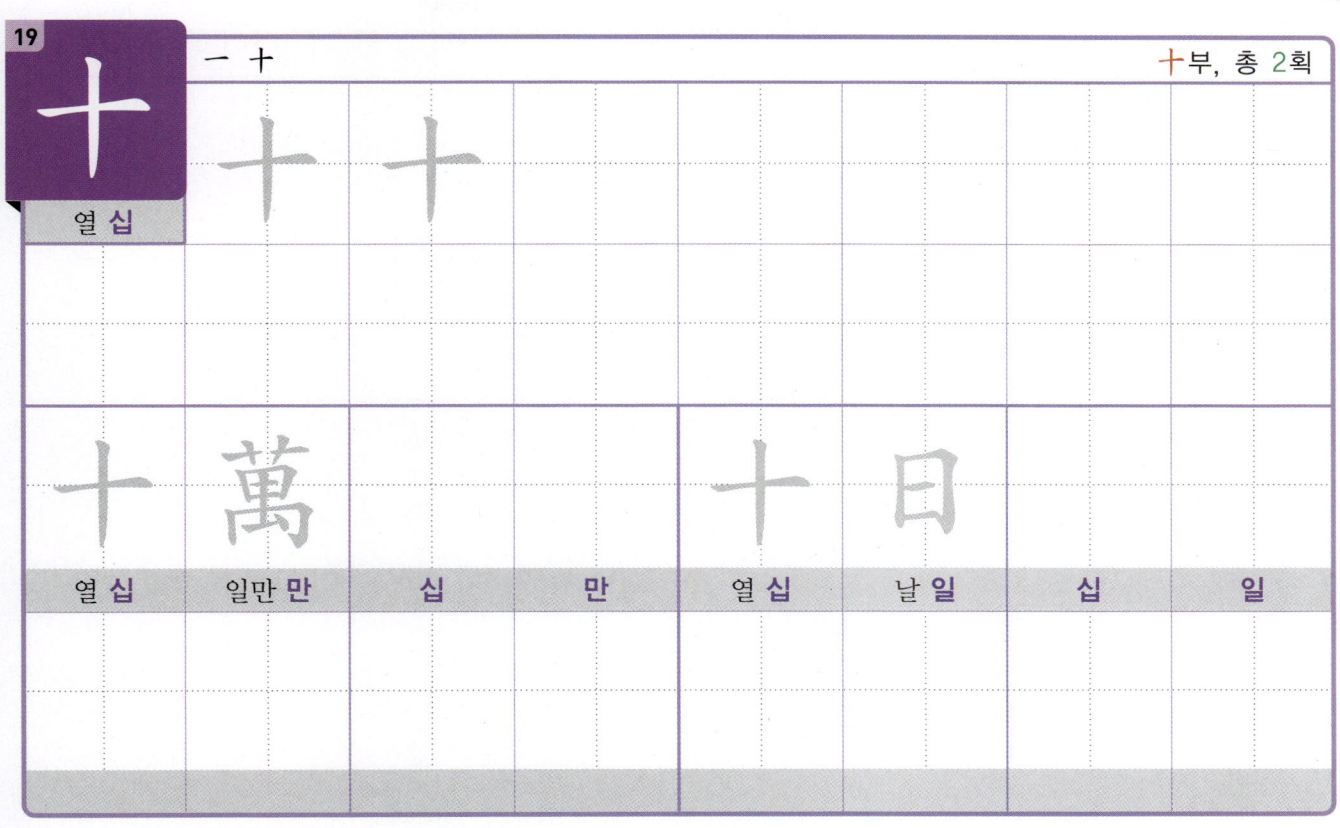

'가족'과 관계있는 한자

21 父 (아비 부)
ノ 八 グ 父　　　父부, 총 4획

父	母			父	子		
아비 부	어미 모	부	모	아비 부	아들 자	부	자

22 母 (어미 모)
ㄴ 几 几 母 母　　　母(母)부, 총 5획

母	女			母	子		
어미 모	계집 녀	모	녀	어미 모	아들 자	모	자

23 兄 형 형	ノ ㅁ ㅁ ㅁ 兄				儿부, 총 5획		
	兄	兄					
	兄	弟			父	兄	
	형 형	아우 제	형	제	아비 부	형 형	부	형

24 弟 아우 제	ゝ ゝ ョ 豆 肖 弟 弟				弓부, 총 7획		
	弟	弟					
	弟	子			子	弟	
	아우 제	아들 자	제	자	아들 자	아우 제	자	제

'가족'과 관계있는 한자 13

'가족'과 관계있는 한자

25 三 석 삼
一 = 三
一부, 총 3획

三寸			三國		
석 삼	마디 촌	삼 촌	석 삼	나라 국	삼 국

26 寸 마디 촌
一 寸 寸
寸부, 총 3획

寸數			四寸		
마디 촌	셈 수	촌 수	넉 사	마디 촌	사 촌

14 8급 한자 쓰기 연습장

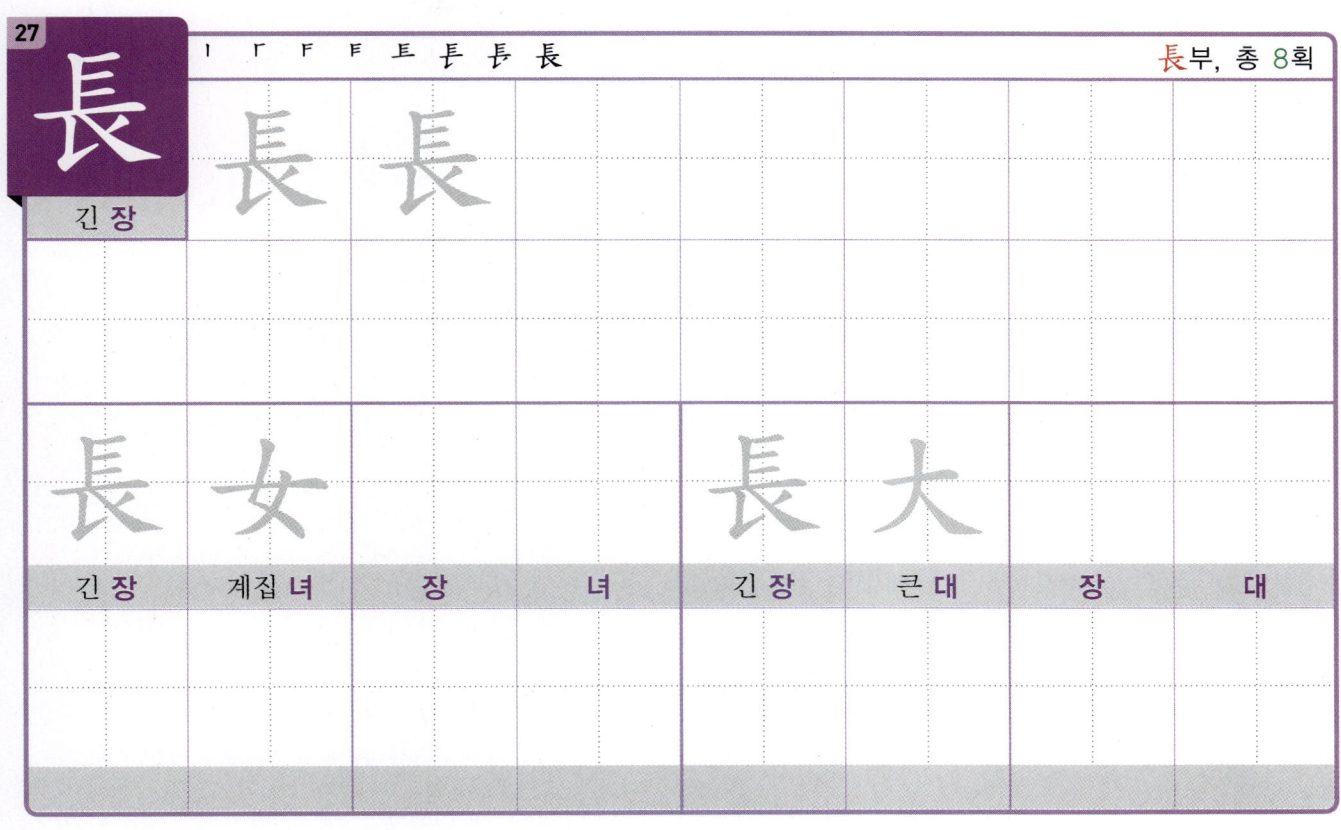

'색·요일'과 관계있는 한자

29 青 푸를 청
一 = ㄑ 主 丰 青 青 青　　青부, 총 8획

青 青

青 年			青 山		
푸를 청	해 년	청	년	푸를 청	메 산	청	산

30 白 흰 백
′ ′ 白 白 白　　白부, 총 5획

白 白

白 人			白 土		
흰 백	사람 인	백	인	흰 백	흙 토	백	토

31 月
ノ 几 月 月　　　　　　　　　　　　　月부, 총 4획

月 月

달 월

三月　　　　　　　　十月

석 삼　달 월　삼　월　　열 십　달 월　시　월

32 火
丶 丶 ソ 火　　　　　　　　　　　　火부, 총 4획

火 火

불 화

火木　　　　　　　　火山

불 화　나무 목　화　목　　불 화　메 산　화　산

'색·요일'과 관계있는 한자　17

'색 · 요일'과 관계있는 한자

33 水 물수 　ㅣ ㅣ 水 水　　　　　　　　水부, 총 4획

水 水

水	門			水	中		
물 수	문 문	수	문	물 수	가운데 중	수	중

34 木 나무 목 　一 十 才 木　　　　　　　　木부, 총 4획

木 木

木	手			校	木		
나무 목	손 수	목	수	학교 교	나무 목	교	목

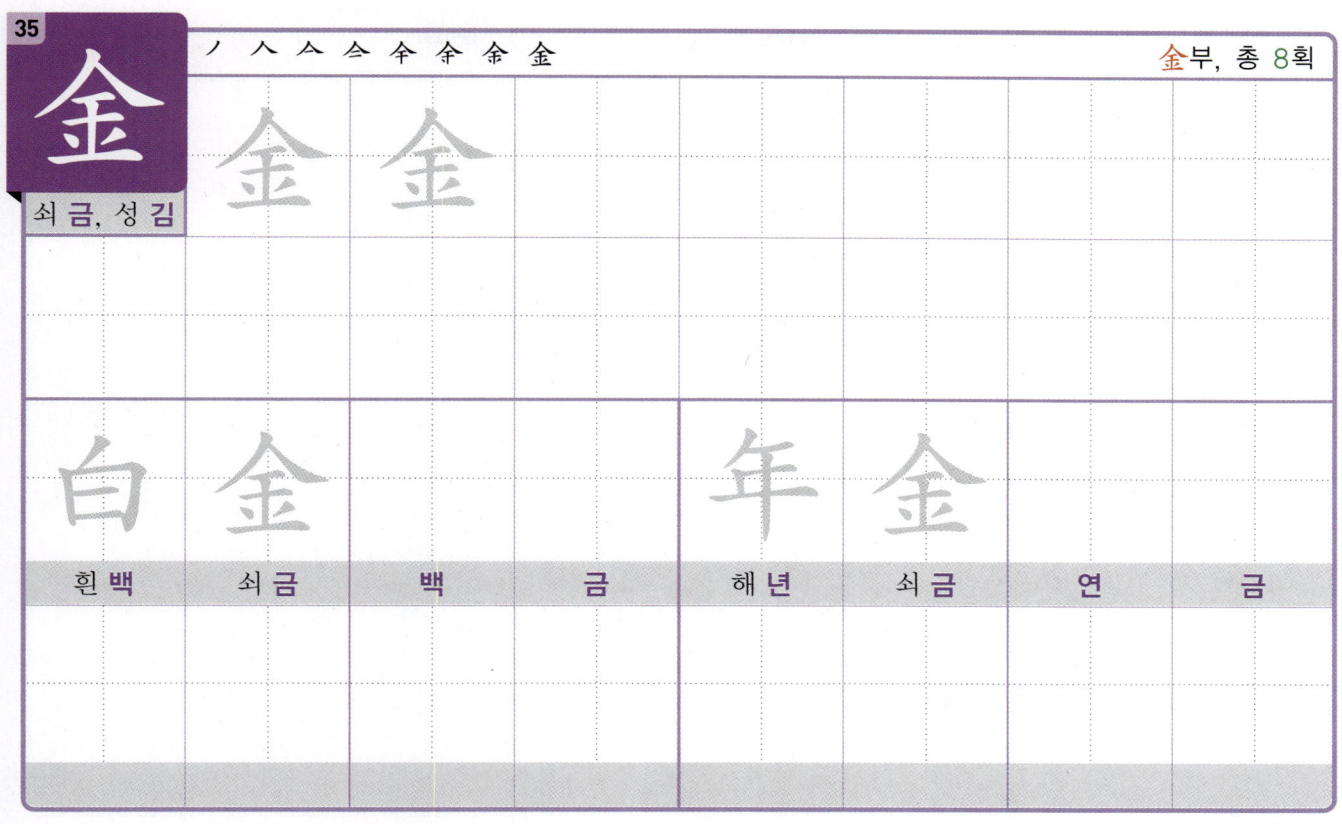

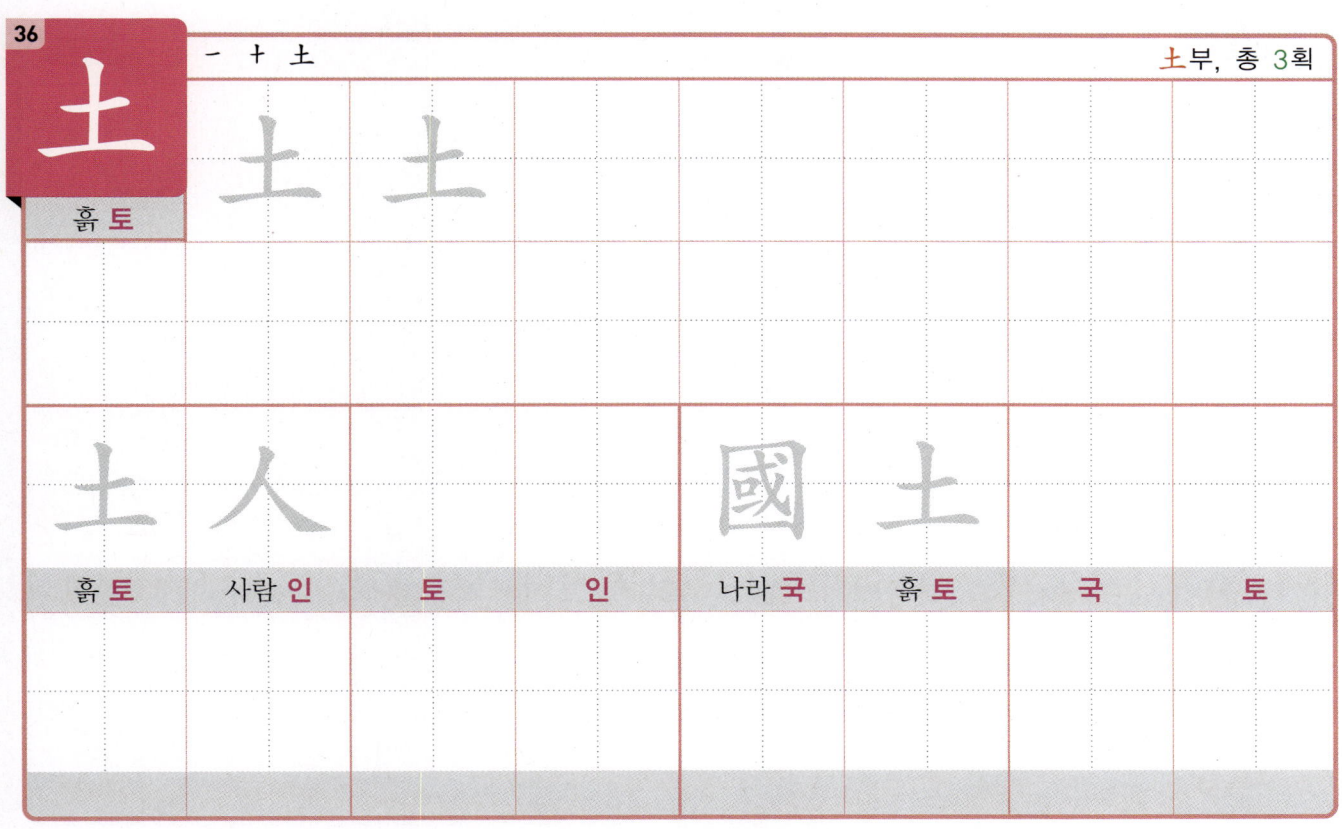

'색 · 요일'과 관계있는 한자

'나라·크기'와 관계있는 한자

37 韓 한국/나라 한	十 十 肀 査 車 軔 軔 軔 韓 韓 韓					韋부, 총 17획	
	韓	韓					
	韓	室			韓	人	
	한국 한	집 실	한	실	한국 한	사람 인	한	인

38 國 나라 국	丨 冂 冂 冃 同 同 罔 國 國 國 國					口부, 총 11획	
	國	國					
	國	軍			國	民	
	나라 국	군사 군	국	군	나라 국	백성 민	국	민

20　8급 한자 쓰기 연습장

39 中 가운데 중

ㅣㄇㅁ中 | ㅣ부, 총 4획

中 中

中 國			中 年		
가운데 중	나라 국	중	가운데 중	해 년	중 년

40 日 날 일

ㅣㄇㄫ日 | 日부, 총 4획

日 日

生 日			韓 日		
날 생	날 일	생 일	한국 한	날 일	한 일

'나라·크기'와 관계있는 한자 21

'나라·크기'와 관계있는 한자

|본문 52~54쪽|

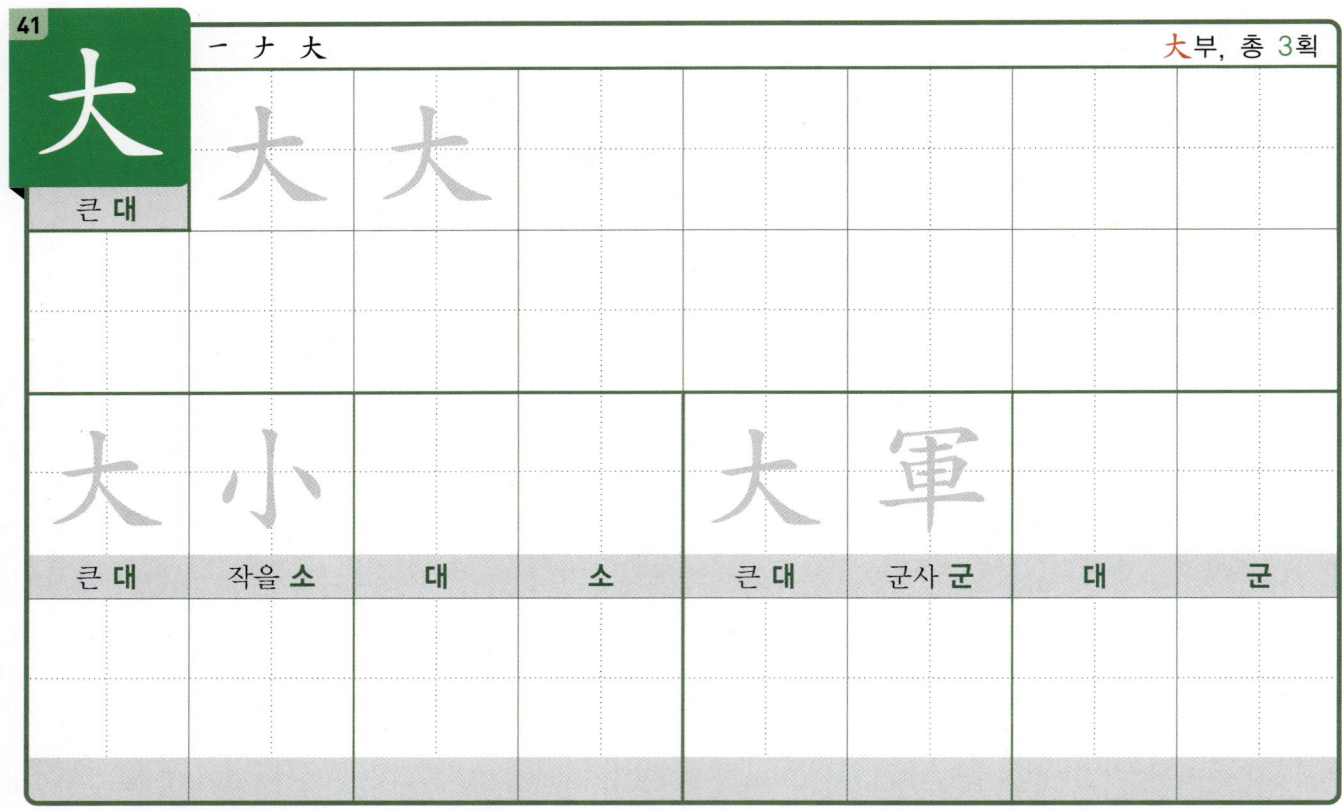

그 밖의 한자

43 軍 군사 군

丨 冖 冖 冖 冖 冝 冝 軍 軍

車부, 총 9획

軍 軍

軍人 | 女軍

| 군사 군 | 사람 인 | 군 | 인 | 계집 녀 | 군사 군 | 여 | 군 |

44 人 사람 인

丿 人

人부, 총 2획

人 人

人生 | 萬人

| 사람 인 | 날 생 | 인 | 생 | 일만 만 | 사람 인 | 만 | 인 |

그 밖의 한자 **23**

그 밖의 한자

45 王 임금 왕 — 一 二 干 王 — 玉(王)부, 총 4획

王 王

王	國			大	王		
임금 왕	나라 국	왕	국	큰 대	임금 왕	대	왕

46 民 백성 민 — 一 フ ア 戸 民 — 氏부, 총 5획

民 民

民	生			國	民		
백성 민	날 생	민	생	나라 국	백성 민	국	민

24 8급 한자 쓰기 연습장

47 門 문 문

丨 冂 冂 冂 門 門 門 門   門부, 총 8획

門	中		校	門	
문 문	가운데 중	문 중	학교 교	문 문	교 문

48 外 바깥 외

丿 ク タ 列 外   夕부, 총 5획

外	國		室	外	
바깥 외	나라 국	외 국	집 실	바깥 외	실 외

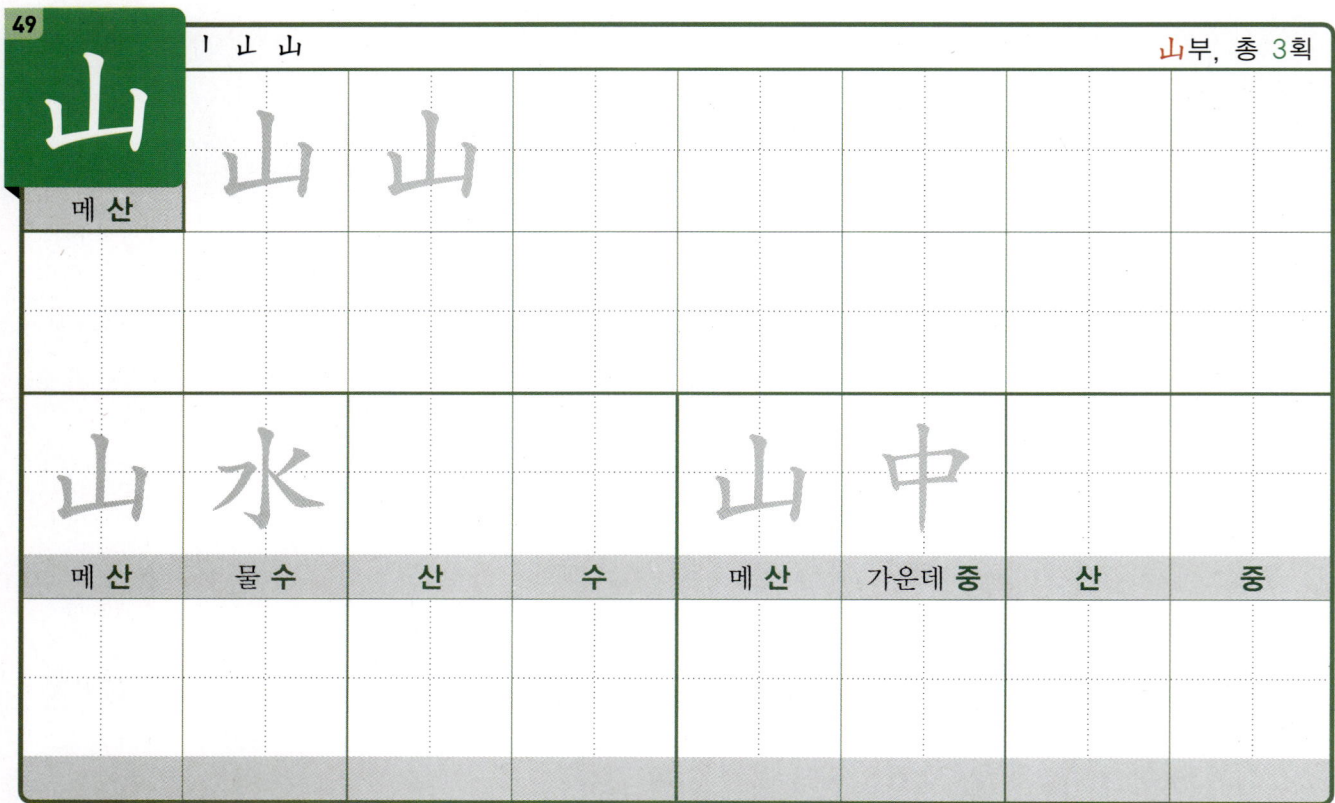

모양이 비슷한 한자

본문 76~77쪽

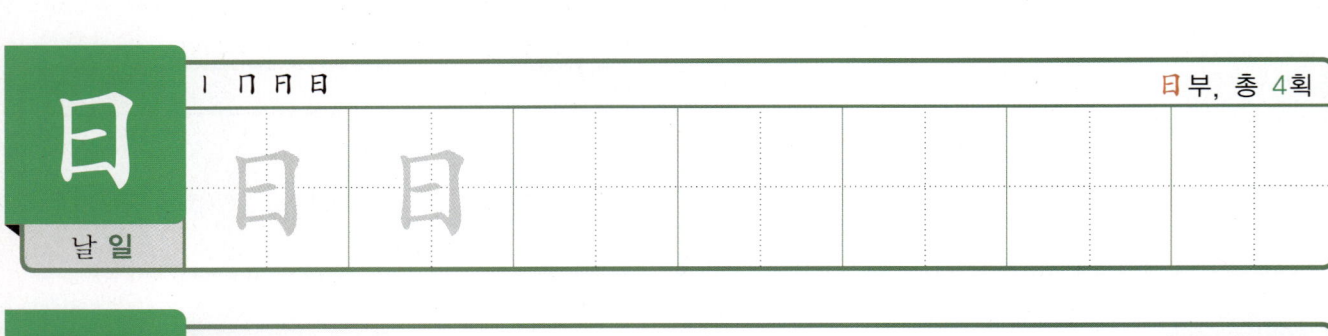

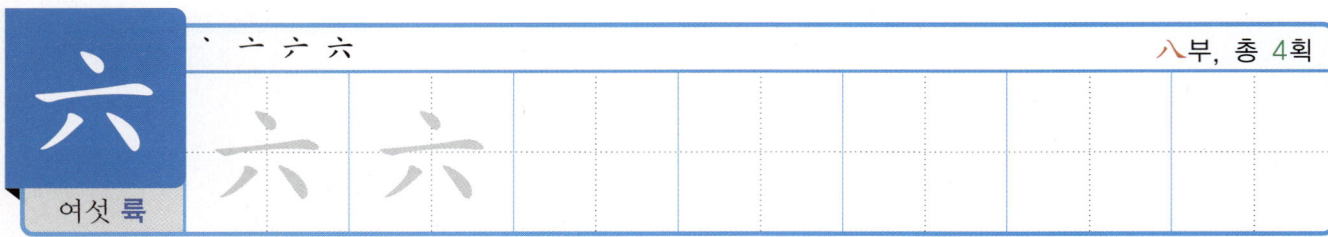

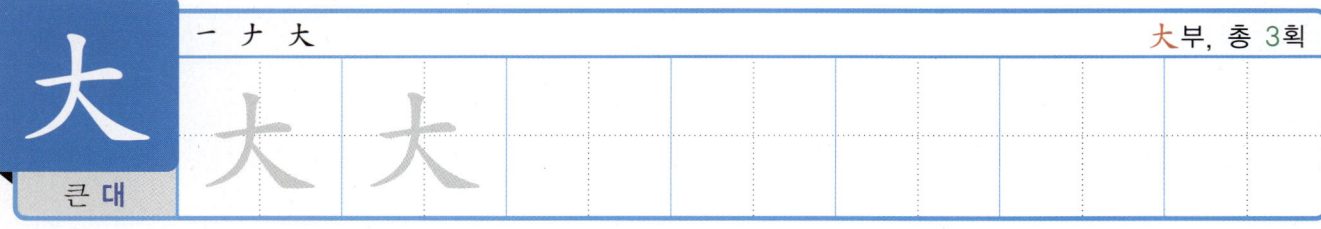

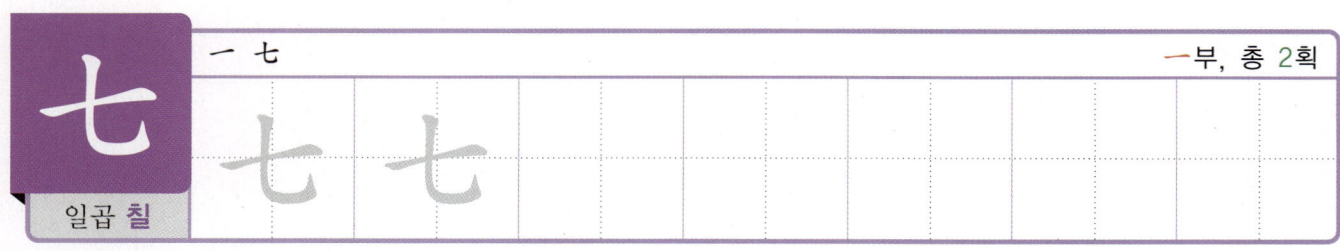

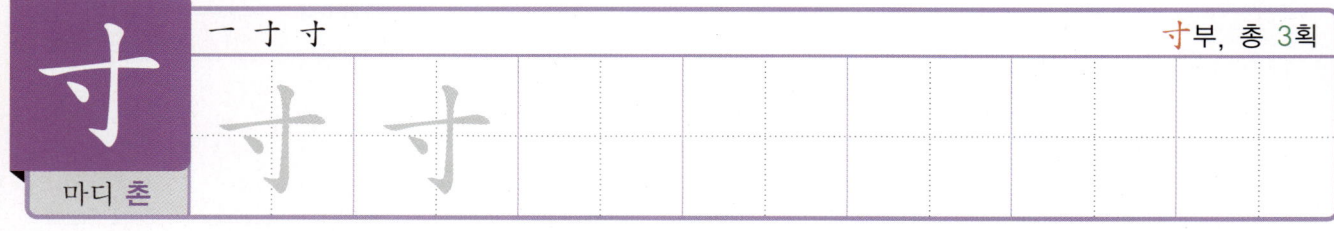

뜻이 반대(상대)되는 한자

父 아비 부	ノ ハ グ 父 — 父부, 총 4획
母 어미 모	ㄴ ㄅ 및 母 母 — 母(母)부, 총 5획
兄 형 형	ㅣ ㅁ ㅁ ㅁ 兄 — 儿부, 총 5획
弟 아우 제	` ` ㅛ ㅛ 肖 弟 弟 — 弓부, 총 7획
水 물 수	亅 刀 水 水 — 水부, 총 4획
火 불 화	` ` ㅛ 火 — 火부, 총 4획

뜻이 반대(상대)되는 한자 29

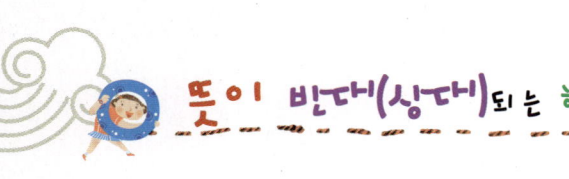

뜻이 반대(상대)되는 한자 ···················· | 본문 78~79쪽 |

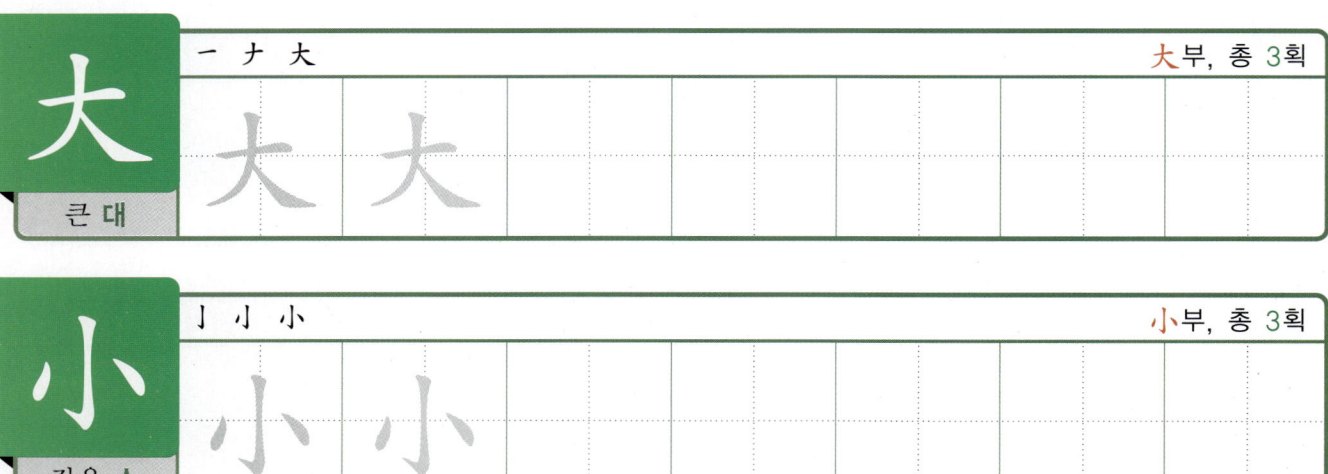

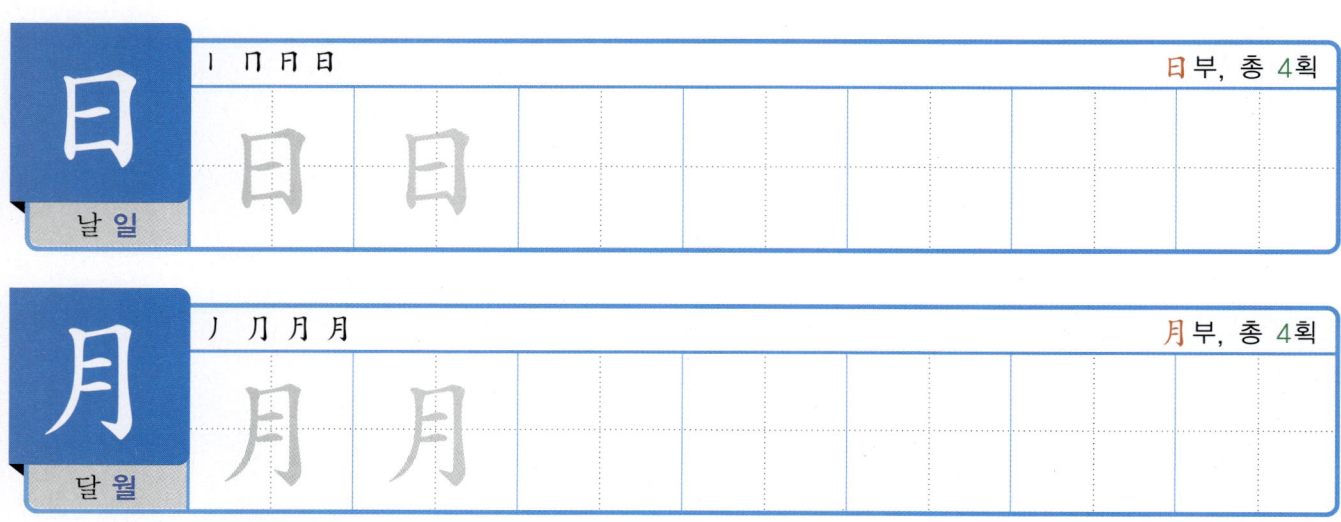

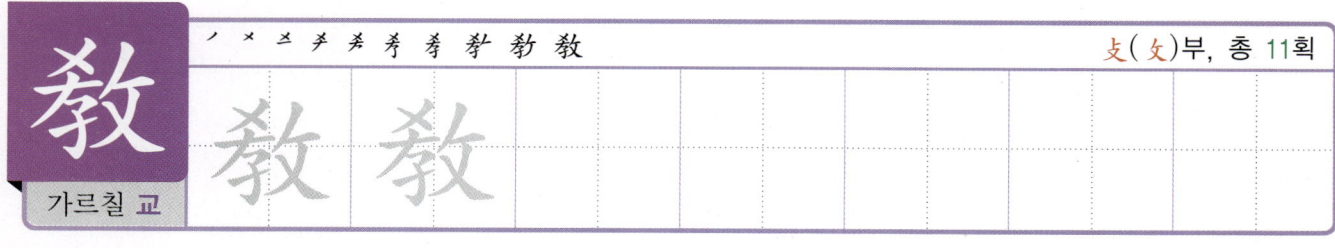

# 잘못 읽기 쉬운 한자

| 본문 80쪽 |

| 十 열 십 | 一 十 | | | | | | | | | 十부, 총 2획 |
| 十 | 十 | | | | | | | | |

| 六 여섯 륙 | 丶 亠 宀 六 | | | | | | | | | 八부, 총 4획 |
| 六 | 六 | | | | | | | | |

| 年 해 년 | ノ ⺊ ⺊ ⺊ ⺊ 年 | | | | | | | | | 千부, 총 6획 |
| 年 | 年 | | | | | | | | |

| 女 계집 녀 | ㄑ ㄡ 女 | | | | | | | | | 女부, 총 3획 |
| 女 | 女 | | | | | | | | |

| 金 쇠 금, 성 김 | ノ 人 人 今 수 余 余 金 | | | | | | | | | 金부, 총 8획 |
| 金 | 金 | | | | | | | | |

'金'은 뜻과 음이 두 개니까 헷갈리지 말아야겠지?

이 한자들은 왜 잘못 읽기 쉬울까?

그건 한자들이 한자어의 맨 앞에 올 때 읽는 소리가 달라지기 때문이야.

잘못 읽기 쉬운 한자 31

한자의 부수

변　방　머리　발　받침　엄　몸　제부수

부수는 한자에서 놓이는 위치에 따라 각기 다른 이름을 가지고 있어요.

① **변**: 글자의 왼쪽 부분　　㈎ 晴, 洋, 他

② **방**: 글자의 오른쪽 부분　　㈎ 形, 殺, 到

③ **머리**: 글자의 윗부분　　㈎ 花, 苦, 節

④ **발**: 글자의 아랫부분　　㈎ 熱, 烈, 点

⑤ **받침**: 글자의 왼쪽과 아래를 싸는 부분　　㈎ 道, 建

⑥ **엄**: 글자의 위와 왼쪽을 싸는 부분　　㈎ 庭, 店, 序

⑦ **몸**: 글자의 바깥 둘레를 감싸는 부분　　㈎ 問, 聞, 國

⑧ **제부수**: 글자 자체가 부수인 것　　㈎ 日, 水, 火

한자능력검정시험
천재 NEW 자격증 한번에 따기
8급 (50字)

별책 부록
한자 쓰기 연습장

주의 책 모서리에 다칠 수 있으니 주의하시기 바랍니다.
부주의로 인한 사고의 경우 책임지지 않습니다.

	학교
학년 반 번	
이름	

www.chunjae.co.kr

NEW 자격증 한번에 따기

8급 함께 배우는 배정 한자 ①

※ 부모님이나 친구들과 함께 배정 한자를 공부해 보아요.

1 校	2 教	3 九
4 國	5 軍	6 金
7 南	8 女	9 年
10 大	11 東	12 六
13 萬	14 母	15 木

자르는 선

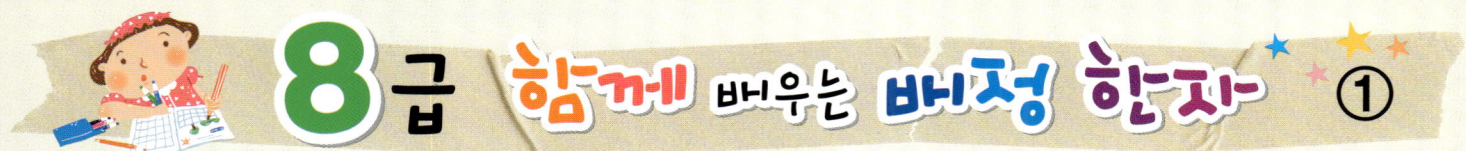

8급 함께 배우는 배정 한자 ②

※ 부모님이나 친구들과 함께 배정 한자를 공부해 보아요.

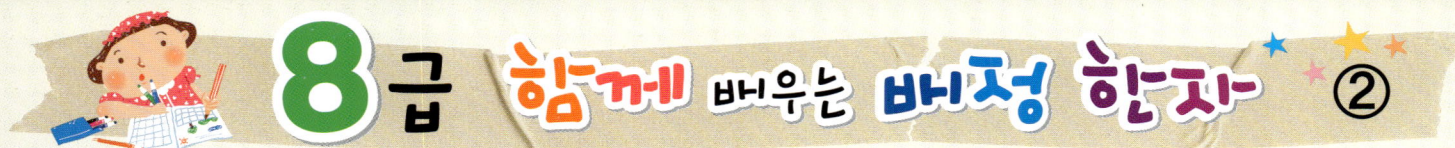

16 門	17 民	18 白
19 父	20 北	21 四
22 山	23 三	24 生
25 西	26 先	27 小
28 水	29 室	30 十

자르는 선

31 五	32 王	33 外
34 月	35 二	36 人
37 一	38 日	39 長
40 弟	41 中	42 青
43 寸	44 七	45 土

※ 부모님이나 친구들과 함께 배정 한자를 공부해 보아요.

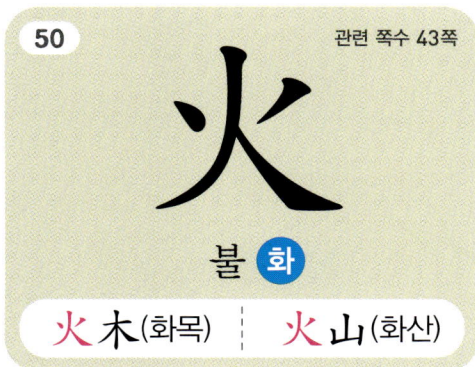
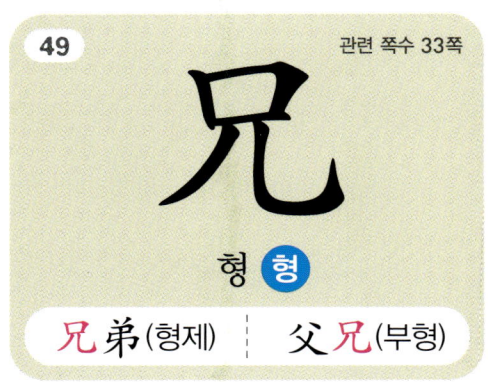